24 + 1 Denkanstösse - wie Scrum das Leben leichter machen kann

Bernd Schwarzmann

Copyright © 2024 Bernd Schwarzmann

Alle Rechte vorbehalten.

ISBN: **9798345620618**

Inhalt

Herausforderungen und Belastungen im alltäglichen Leben: Einblicke und Wege zu mehr Gelassenheit 7

Zeitmangel und das Gefühl, ständig zu wenig Zeit zu haben 7

Beruflicher Stress und hohe Arbeitsanforderungen 8

Emotionale Herausforderungen: Sorgen und Ängste 8

Die Herausforderung des Perfektionismus 9

Überforderung durch digitale Reizüberflutung 9

Soziale Herausforderungen und zwischenmenschliche Belastungen 10

Den Alltag meistern und Wege zu mehr Gelassenheit finden 11

Scrum: Ein Überblick über das agile Projektmanagement-Framework 12

Die Grundlagen von Scrum: Ein einfaches, aber wirksames Rahmenwerk 12

Der Arbeitsrhythmus in Scrum: Sprints, Meetings und Timeboxing 13

Das Herzstück von Scrum: Das tägliche Stand-up 14

Der Sprint Review und die Retrospektive: Lernen und verbessern 14

Transparenz, Inspektion und Anpassung: drei Grundpfeiler von Scrum 15

Der Erfolg von Scrum: Selbstorganisation und Verantwortung 15

Scrum als kraftvolles Werkzeug für mehr Effizienz und Teamarbeit 16

Die Entwicklung und Historie von Scrum 17

Die frühen Anfänge und theoretischen Wurzeln 17

Die Entwicklung von Scrum als formale Methode 18

Die offizielle Standardisierung und Einführung des Scrum Guide 18

Scrum im Kontext der agilen Bewegung 19

Weiterentwicklungen von Scrum: Skalierung und spezifische Anwendungsformen 19

Herausforderungen und Kritik an Scrum 20

Die Bedeutung von Scrum in der modernen Arbeitswelt 21

Scrum als lebendiges Framework 21

24 + 1 Denkanstösse	23
YAGNI	25
Transparenz	29
Fokus	33
Iteratives Vorgehen	37
Selbstorganisation	41
Eigenverantwortung	45
Vertrauen	49
Kontinuierliche Verbesserung	53
Effektive Kommunikation	57
Pair Programming	61
Schätzung von Scrum Tasks	65
Erfolge feiern	69
Optimierung der Prozesse	73
Visualisierung der Arbeit	77
Priorisierung	81
Timeboxing	85
Vereinfachung	89
Wertschätzung	93
Cross-funktionale Teams	97
Tasks in kleinere Einheiten aufteilen	101
Adaptivität (Anpassungsfähgkeit)	105
Teamverantwortung	109
Kundenorientierung	113
Agile Werte und Prinzipien	117
Mit einem kleinen bißchen Glück …	121

Wer in Eile ist (sind wir das nicht immer?), blättert gleich zu den Denkstössen!

Viel Spaß und hoffentlich auch etwas Erfolg!

HERAUSFORDERUNGEN UND BELASTUNGEN IM ALLTÄGLICHEN LEBEN: EINBLICKE UND WEGE ZU MEHR GELASSENHEIT

Das alltägliche Leben bietet viele kleine und große Herausforderungen, die uns mental und körperlich fordern. Vom beruflichen Stress über die vielen kleinen Aufgaben, die sich im Haushalt und Privatleben anhäufen, bis hin zu emotionalen Belastungen – der Alltag kann uns manchmal über den Kopf wachsen. Häufig kommt dann das Gefühl auf, dass die Zeit nicht reicht, die Anforderungen zu hoch sind oder dass einfach zu viele Verpflichtungen anstehen.

Doch wie wirken sich diese Herausforderungen tatsächlich auf unser Leben aus? Was macht den Alltag so belastend, und was können wir tun, um besser damit umzugehen? Eine ausführliche Betrachtung zeigt, dass viele Faktoren – von äußeren Anforderungen bis hin zu unserem eigenen Anspruch an Perfektion – Einfluss auf unsere Belastung im Alltag haben.

ZEITMANGEL UND DAS GEFÜHL, STÄNDIG ZU WENIG ZEIT ZU HABEN

Viele Menschen klagen über Zeitmangel. Arbeit, Familie, Hobbys, Freundschaften und Haushaltsaufgaben beanspruchen uns täglich, und häufig bleibt kaum Zeit, sich zu erholen oder eine Pause einzulegen. Wir hetzen von einer Aufgabe zur nächsten und haben das Gefühl, nie alles schaffen zu können. Der Zeitmangel wird oft zur größten Herausforderung, da wir das Gefühl haben, immer mehr in immer kürzerer Zeit erledigen zu müssen.

Ein Beispiel: Ein berufstätiger Elternteil jongliert Arbeit, Kinderbetreuung und Haushalt. Wenn dann noch unerwartete Verpflichtungen hinzukommen – wie ein Termin in der Schule oder die Bitte eines Freundes um Hilfe – fühlt sich der Tag oft überwältigend an. Alles soll unter einen Hut gebracht werden, und häufig bleibt das eigene Wohlbefinden dabei auf der Strecke.

Das sogenannte **„Zeitmanagement"** kann hier eine gute Lösung bieten.

Aufgaben lassen sich nach Wichtigkeit und Dringlichkeit sortieren, und feste Zeitblöcke für Pausen helfen, einen Puffer für unerwartete Aufgaben zu haben. Selbst kleine Anpassungen – etwa den Abend bewusst frei von Aufgaben zu halten – schaffen mehr Balance.

BERUFLICHER STRESS UND HOHE ARBEITSANFORDERUNGEN

Ein weiterer Faktor, der häufig als belastend empfunden wird, ist beruflicher Stress. Oft gibt es in der Arbeitswelt hohe Erwartungen: Deadlines, Verantwortlichkeiten und das Streben nach Erfolg führen dazu, dass viele Menschen sich überfordert und unter Druck fühlen. Der Wunsch, alle Erwartungen zu erfüllen und gleichzeitig keine Fehler zu machen, führt schnell zu Überarbeitung und Erschöpfung.

Beruflicher Stress kann auch in Form von **Multitasking** entstehen, bei dem mehrere Aufgaben gleichzeitig bewältigt werden müssen. Dies führt dazu, dass der Fokus ständig wechselt und keine Aufgabe wirklich abgeschlossen wird, was das Gefühl verstärkt, nie fertig zu werden.

In stressigen Zeiten kann es hilfreich sein, sich realistische **Ziele** zu setzen und Prioritäten zu setzen. Eine Möglichkeit, den Druck zu senken, ist das **Delegieren von Aufgaben**, falls dies möglich ist, und das regelmäßige Einlegen von Pausen, um die eigenen Ressourcen zu schonen. Die Arbeit im Rhythmus der „Pomodoro-Technik" – also 25 Minuten konzentriertes Arbeiten gefolgt von 5 Minuten Pause – kann die Produktivität fördern und den Stress verringern.

EMOTIONALE HERAUSFORDERUNGEN: SORGEN UND ÄNGSTE

Neben äußeren Belastungen sind es oft auch unsere inneren Ängste und Sorgen, die den Alltag schwerer machen. Ob es nun die Angst vor beruflichem Versagen ist, die Sorge um die Gesundheit oder Zukunftsängste – die psychische Belastung kann oft genauso schwer wiegen wie physischer Stress. Emotionale Herausforderungen führen dazu, dass wir uns oft unsicher und erschöpft fühlen, was die Alltagsbewältigung zusätzlich erschwert.

Stellen wir uns eine Person vor, die sich um einen kranken Angehörigen sorgt. Diese Sorgen begleiten sie den ganzen Tag und rauben Energie und Freude an anderen Aktivitäten. Emotionale Belastungen wirken sich oft nicht nur auf das eigene Wohlbefinden, sondern auch auf die Beziehungen zu anderen aus.

Selbstfürsorge und **Achtsamkeit** sind hier entscheidend. Wer lernt, auf seine Gefühle zu hören und sich Pausen für das eigene Wohlbefinden zu nehmen, kann oft besser mit Sorgen umgehen. Auch der Austausch mit Freunden oder professionellen Beratern hilft, eine neue Perspektive zu finden und die Sorgen zu teilen.

DIE HERAUSFORDERUNG DES PERFEKTIONISMUS

Ein weiterer belastender Faktor ist der Wunsch nach Perfektion. Perfektionismus führt dazu, dass wir uns oft selbst unter Druck setzen und uns niemals richtig zufrieden fühlen. Es entsteht das Gefühl, dass nichts gut genug ist, was zu Frustration und Selbstzweifeln führen kann. Sei es das perfekt geplante Abendessen, der Wunsch, im Job alles richtig zu machen, oder die perfekte Gestaltung des eigenen Zuhauses – Perfektionismus erzeugt oft zusätzlichen Stress, ohne dass das Ergebnis dadurch unbedingt besser wird.

Ein Beispiel: Lisa hat eine Party organisiert und möchte, dass alles perfekt läuft. Sie verbringt Stunden damit, das Essen zuzubereiten und den Tisch zu dekorieren. Doch als die Gäste eintreffen, ist sie so erschöpft, dass sie den Abend nicht mehr genießen kann. Die ständige Kontrolle hat ihr den Spaß am eigentlichen Event genommen.

Loslassen ist eine wichtige Fähigkeit, um Perfektionismus zu überwinden. Wer akzeptiert, dass nicht alles perfekt sein muss, wird oft entspannter und zufriedener. Hilfreich ist es, sich selbst bewusst daran zu erinnern, dass kleine Fehler oder Unvollkommenheiten zum Leben dazugehören und oft die Dinge einzigartig und menschlich machen.

ÜBERFORDERUNG DURCH DIGITALE REIZÜBERFLUTUNG

In der heutigen digitalen Welt wird der Alltag oft von unzähligen

Nachrichten, E-Mails und Benachrichtigungen unterbrochen. Die ständige Verfügbarkeit und die große Menge an Informationen führen dazu, dass viele Menschen das Gefühl haben, nie abschalten zu können. Diese digitale Reizüberflutung kann den Fokus beeinträchtigen und führt oft dazu, dass wir uns erschöpft und abgelenkt fühlen.

Ein Beispiel: Max sitzt am Abend vor seinem Handy und scrollt durch soziale Medien. Ständig ploppen neue Nachrichten auf, und das Gefühl, etwas verpassen zu können, hält ihn bei der Sache. Statt sich zu erholen, verbringt er die Zeit mit dem Konsum digitaler Inhalte, was ihn letztlich eher erschöpft als entspannt.

Ein bewusster Umgang mit **digitalen Medien** hilft, die ständige Ablenkung zu minimieren. Das Festlegen fester Zeiten für die Nutzung des Handys oder das Ausschalten von Benachrichtigungen kann dabei helfen, die digitale Belastung zu reduzieren und wieder mehr Kontrolle über die eigene Zeit zu gewinnen. Auch das bewusste Einplanen digital-freier Zeiten, zum Beispiel eine Stunde vor dem Schlafengehen, kann zur Entspannung beitragen.

SOZIALE HERAUSFORDERUNGEN UND ZWISCHENMENSCHLICHE BELASTUNGEN

Neben den beruflichen und privaten Anforderungen sind es oft auch zwischenmenschliche Herausforderungen, die unseren Alltag beeinflussen. Konflikte, unterschiedliche Erwartungen und das Bedürfnis nach sozialer Anerkennung führen oft zu zusätzlichem Stress. Besonders im Freundeskreis oder in der Familie entsteht manchmal das Gefühl, Erwartungen erfüllen zu müssen, die nicht immer mit den eigenen Bedürfnissen übereinstimmen.

Ein Beispiel: Sarah hat ein volles Wochenende, doch eine Freundin bittet sie kurzfristig um Hilfe bei einem Umzug. Obwohl Sarah eigentlich Zeit für sich selbst eingeplant hat, sagt sie „Ja", weil sie niemanden enttäuschen möchte. Die sozialen Verpflichtungen führen dazu, dass sie ihre eigenen Bedürfnisse hinten anstellt und sich erschöpft fühlt.

Eine offene und klare **Kommunikation** kann helfen, die sozialen Belastungen zu reduzieren. Es ist wichtig, Grenzen zu setzen und „Nein" zu sagen, wenn die eigenen Ressourcen erschöpft sind. Menschen, die lernen, ihre Bedürfnisse zu kommunizieren, erleben oft weniger Stress und können ihre Beziehungen positiver gestalten.

DEN ALLTAG MEISTERN UND WEGE ZU MEHR GELASSENHEIT FINDEN

Das alltägliche Leben hält viele Herausforderungen bereit, die sowohl von äußeren Anforderungen als auch von inneren Erwartungen geprägt sind. Zeitmangel, beruflicher Stress, emotionale Belastungen und die digitale Reizüberflutung sind nur einige der Faktoren, die den Alltag belasten können. Es ist jedoch möglich, diesen Belastungen aktiv entgegenzutreten und den Alltag bewusster zu gestalten.

Selbstfürsorge, **gute Organisation** und der **bewusste Umgang mit Erwartungen** – sowohl von außen als auch von sich selbst – sind entscheidende Wege, um die Herausforderungen im Alltag besser zu meistern. Wer lernt, Prioritäten zu setzen und achtsam mit sich selbst umzugehen, kann auch in stressigen Zeiten gelassener bleiben und das eigene Wohlbefinden stärken.

Ein bewusster Umgang mit den täglichen Anforderungen und eine gesunde Balance zwischen Pflichten und Pausen sind essenziell, um im hektischen Alltag nicht den Überblick zu verlieren. So wird das alltägliche Leben nicht nur erträglicher, sondern auch erfüllender und entspannter.

SCRUM: EIN ÜBERBLICK ÜBER DAS AGILE PROJEKTMANAGEMENT-FRAMEWORK

Scrum ist ein agiles Projektmanagement-Framework, das besonders in der Softwareentwicklung, mittlerweile aber auch in vielen anderen Bereichen wie Bildung, Marketing und sogar im persönlichen Alltag erfolgreich eingesetzt wird. Das Ziel von Scrum ist es, Projekte schnell, flexibel und zielorientiert umzusetzen. Oft beschreibt man Scrum als eine Art Spiel, bei dem alle Mitspieler klare Rollen haben, in kurzen Sprints auf ein Ziel hinarbeiten und sich durch regelmäßiges Feedback kontinuierlich verbessern.

Was Scrum von anderen Methoden unterscheidet, ist sein Fokus auf Flexibilität und Anpassungsfähigkeit. Während in herkömmlichen Projekten oft lange im Voraus detaillierte Pläne erstellt werden, setzt Scrum darauf, dass Pläne sich an neue Erkenntnisse und Änderungen anpassen dürfen – ja sogar sollen. Doch wie genau funktioniert das? Und warum entscheiden sich so viele Teams und Organisationen für Scrum? Lassen Sie uns eintauchen!

DIE GRUNDLAGEN VON SCRUM: EIN EINFACHES, ABER WIRKSAMES RAHMENWERK

Scrum basiert auf einem einfachen, aber wirkungsvollen Rahmenwerk. Es gibt eine klare Struktur und spezifische Rollen, die sicherstellen, dass alle Beteiligten fokussiert und zielorientiert arbeiten. Das Scrum-Team besteht aus drei Hauptrollen: dem **Product Owner**, dem **Scrum Master** und dem **Entwicklungsteam**.

Product Owner: Der Product Owner ist dafür verantwortlich, die Produktvision zu klären und die Prioritäten zu setzen. Im Alltag könnte man den Product Owner als eine Art „Projektleiter" bezeichnen. Seine Aufgabe ist es, die Anforderungen klar zu definieren und sicherzustellen, dass das Team die wertvollsten Aufgaben zuerst erledigt. Der Product Owner entscheidet, was im Projekt wichtig ist und welche Aufgaben erledigt werden sollen.

Scrum Master: Der Scrum Master ist der Coach des Teams. Er stellt sicher, dass das Scrum-Framework eingehalten wird und beseitigt Hindernisse, die das Team in seiner Arbeit behindern. Man könnte den Scrum Master als eine Art „Trainer" sehen, der das Team unterstützt und motiviert, ohne direkt in die Arbeit einzugreifen.

Entwicklungsteam: Das Entwicklungsteam besteht aus denjenigen, die die eigentliche Arbeit erledigen. Das Team organisiert sich selbst und arbeitet gemeinsam daran, das Ziel zu erreichen. Im Scrum gibt es keinen „Chef" im traditionellen Sinne. Das Team entscheidet eigenständig, wie es die Aufgaben am besten löst, was zu einer hohen Eigenverantwortung führt.

Diese Struktur sorgt dafür, dass jede Rolle genau weiß, was ihre Aufgabe ist, und das Team als Ganzes gut zusammenarbeiten kann.

DER ARBEITSRHYTHMUS IN SCRUM: SPRINTS, MEETINGS UND TIMEBOXING

Scrum basiert auf kurzen, klar abgegrenzten Arbeitsphasen, sogenannten **Sprints**. Ein Sprint dauert typischerweise zwei bis vier Wochen und endet immer mit einem überprüfbaren Ergebnis. Das Sprintziel wird zu Beginn festgelegt und soll dem Team als Orientierung dienen.

Jeder Sprint ist eine kleine Einheit in sich, die vom Team geplant, durchgeführt und reflektiert wird. Diese kurzen Arbeitsabschnitte ermöglichen es, schnell auf Veränderungen zu reagieren und die Arbeit kontinuierlich zu verbessern. **Timeboxing** – also das Festlegen von festen Zeitrahmen für jede Aktivität – ist dabei zentral. So bleibt das Team fokussiert und es wird vermieden, dass zu lange an einzelnen Aufgaben gearbeitet wird.

Nehmen wir an, eine Familie plant einen Frühjahrsputz in ihrer Wohnung. Statt sich wochenlang Zeit zu lassen und alles auf einmal in Angriff zu nehmen, plant sie die Arbeit nach dem Scrum-Prinzip. Sie legen einen „Sprint" von drei Tagen fest und definieren die Aufgaben: die Küche reinigen, den Kleiderschrank aussortieren und das Badezimmer putzen. Jeden Tag wird eine Aufgabe abgeschlossen, und am Ende des Tages wird besprochen, was gut gelaufen ist und was beim nächsten Mal verbessert werden könnte. Durch diese klare Zeitstruktur kann die Familie schneller und zielgerichteter vorgehen.

DAS HERZSTÜCK VON SCRUM: DAS TÄGLICHE STAND-UP

Eine der wichtigsten Rituale in Scrum ist das **Daily Stand-up** oder „tägliches Meeting". Jeden Morgen trifft sich das Team für ein kurzes Update, das nicht länger als 15 Minuten dauert. Jeder berichtet, was er gestern erledigt hat, was er heute vorhat und ob es Hindernisse gibt. Diese kurzen Treffen halten das Team fokussiert und sorgen dafür, dass sich jeder unterstützt fühlt und auf dem Laufenden bleibt.

In einem kleinen Startup trifft sich das Team jeden Morgen um 9 Uhr zu einem schnellen Stand-up. Sarah erzählt, dass sie gestern eine wichtige Kundenanfrage bearbeitet hat und heute daran arbeiten wird, das Feedback umzusetzen. Michael erwähnt, dass er eine technische Herausforderung hat und Hilfe braucht. Durch dieses kurze Update weiß jeder, wo die anderen stehen, und kann unterstützen, wo es nötig ist. Das Stand-up wird als wertvoll empfunden, da es schnell ist und den Tag klar strukturiert.

DER SPRINT REVIEW UND DIE RETROSPEKTIVE: LERNEN UND VERBESSERN

Am Ende jedes Sprints findet eine **Sprint Review** und eine **Retrospektive** statt. Beim Sprint Review wird das Arbeitsergebnis des Sprints begutachtet und Feedback von Stakeholdern eingeholt. Dies ist eine wertvolle Gelegenheit, das Team zu loben und Verbesserungsvorschläge zu sammeln. Die Retrospektive hingegen dient dazu, den Prozess selbst zu reflektieren. Das Team überlegt gemeinsam, was gut gelaufen ist und was verbessert werden könnte.

Eine Wohngemeinschaft hat beschlossen, ihren Wocheneinkauf nach dem Scrum-Prinzip zu organisieren. Am Ende des Monats machen sie eine Retrospektive und besprechen, wie gut der Plan funktioniert hat. Sie stellen fest, dass das Einkaufen schneller ging, als sie eine Einkaufsliste mit den Prioritäten hatten, aber dass es manchmal an Abwechslung gefehlt hat. Für den nächsten Monat beschließen sie, die Liste flexibler zu gestalten und abwechselnd für neue Ideen zu sorgen. Durch die Retrospektive lernen sie, ihren Prozess immer wieder zu verbessern.

TRANSPARENZ, INSPEKTION UND ANPASSUNG: DREI GRUNDPFEILER VON SCRUM

Scrum basiert auf drei Grundprinzipien: **Transparenz**, **Inspektion** und **Anpassung**. Diese Prinzipien helfen dem Team, stets den Überblick zu behalten und schnell auf Veränderungen zu reagieren.

Transparenz bedeutet, dass alle Informationen für jeden im Team sichtbar und zugänglich sind. In Scrum werden beispielsweise alle Aufgaben auf einem Board visualisiert, sodass jeder weiß, wer woran arbeitet.

Inspektion meint das regelmäßige Überprüfen der Arbeit und der Fortschritte. In Scrum dienen die Stand-ups, die Sprint Reviews und die Retrospektiven als feste Punkte zur Überprüfung und Verbesserung.

Anpassung ist die Flexibilität, den Plan zu ändern, wenn es notwendig ist. Durch die kurzen Sprints und die kontinuierliche Reflektion wird es möglich, flexibel auf neue Erkenntnisse oder Herausforderungen zu reagieren.

Ein Team, das an einer neuen Marketingkampagne arbeitet, setzt diese drei Grundprinzipien um: Sie visualisieren alle Aufgaben auf einem digitalen Board (Transparenz), führen wöchentliche Sprints durch, um Fortschritte zu überprüfen (Inspektion), und passen ihre Strategie bei Bedarf an, um auf Kundenfeedback zu reagieren (Anpassung). Dadurch bleiben sie flexibel und können die Kampagne optimal auf die Zielgruppe zuschneiden.

DER ERFOLG VON SCRUM: SELBSTORGANISATION UND VERANTWORTUNG

Ein zentrales Ziel von Scrum ist es, Teams zu **selbstorganisierten** Einheiten zu machen. Das bedeutet, dass jeder im Team Verantwortung für seine Aufgaben übernimmt und das Team Entscheidungen gemeinschaftlich trifft. Durch diese Eigenverantwortung wächst die Motivation, und die Ergebnisse verbessern sich, da jeder sich für die Zielerreichung verantwortlich fühlt.

In einem Bildungsprojekt arbeiten Studierende selbstorganisiert in kleinen

Teams. Sie setzen sich zu Beginn ihrer Sprints klare Ziele und verteilen die Aufgaben eigenständig. Durch die Eigenverantwortung sind die Studierenden motivierter und lernen, selbstständiger zu arbeiten. Wenn jemand Unterstützung braucht, helfen die anderen, ohne auf eine Anweisung von außen zu warten. Die Teamarbeit wird durch Scrum effizienter und zielgerichteter.

SCRUM ALS KRAFTVOLLES WERKZEUG FÜR MEHR EFFIZIENZ UND TEAMARBEIT

Scrum bietet klare Strukturen und Prinzipien, die nicht nur für große Unternehmen, sondern auch für kleine Teams und sogar den Alltag sehr nützlich sind. Es geht darum, in kleinen Schritten voranzugehen, flexibel zu bleiben und regelmäßig zu reflektieren. Die Betonung auf Selbstorganisation und gegenseitige Unterstützung fördert das Zusammengehörigkeitsgefühl und steigert die Motivation. Durch regelmäßige Meetings und das Einholen von Feedback bleibt das Team auf Kurs und kann sich kontinuierlich verbessern.

Wer Scrum im Alltag ausprobiert – sei es bei der Organisation eines Projekts, beim Hausputz oder beim Wocheneinkauf – wird feststellen, dass die klare Struktur und die Fokussierung auf das Wesentliche helfen, schneller, zielgerichteter und zufriedener ans Ziel zu kommen. Scrum zeigt uns, dass Agilität und Anpassungsfähigkeit wertvolle Eigenschaften sind – nicht nur im Arbeitsalltag, sondern in allen Bereichen des Lebens.

DIE ENTWICKLUNG UND HISTORIE VON SCRUM

Scrum ist eine der bekanntesten Methoden im agilen Projektmanagement und spielt in Unternehmen weltweit eine zentrale Rolle in der Software- und Produktentwicklung. Es ist ein Ansatz, der auf schnelle Anpassung, Transparenz und Flexibilität setzt und Teams dabei unterstützt, effizient zusammenzuarbeiten und hohe Qualität in kurzer Zeit zu liefern. Doch wie ist Scrum entstanden, und wie hat sich die Methode über die Jahre entwickelt?

Dieses Kapitel beleuchtet die Anfänge und Evolution von Scrum, seine theoretischen Grundlagen, die Herausforderungen in der Umsetzung und die Weiterentwicklungen, die es an moderne Anforderungen angepasst haben. Scrum steht für mehr als nur eine Methode – es verkörpert eine Philosophie der Zusammenarbeit und kontinuierlichen Verbesserung.

DIE FRÜHEN ANFÄNGE UND THEORETISCHEN WURZELN

Die Ursprünge von Scrum reichen bis in die späten 1980er Jahre zurück. Der Begriff „Scrum" selbst entstammt einem Artikel aus dem Jahr 1986, verfasst von Hirotaka Takeuchi und Ikujiro Nonaka. In ihrem Artikel „The New New Product Development Game" beschrieben die beiden Management-Experten die Bedeutung eines holistischen, flexiblen Teams, das wie eine Rugby-Mannschaft als Einheit arbeitet, um voranzukommen. Dieser Artikel war revolutionär, weil er klassische, stark hierarchische Arbeitsweisen infrage stellte und stattdessen einen ganzheitlichen, flexiblen Ansatz zur Produktentwicklung propagierte. Die Inspiration aus dem Rugby (wo Spieler als Team agieren, um einen gemeinsamen Punkt zu erreichen) betonte die Bedeutung von Zusammenarbeit und schnellem Feedback.

1993 wurde das Konzept von Jeff Sutherland und Ken Schwaber aufgegriffen und weiterentwickelt. Sie experimentierten mit den Prinzipien von Scrum in der Software-Entwicklung und stellten fest, dass es signifikante Vorteile brachte, wenn Teams kurze, fokussierte Sprints absolvierten und regelmäßig Feedback erhielten. Dieser frühe Entwurf von Scrum legte den Grundstein für das Framework, das heute als Standard in vielen Branchen gilt.

DIE ENTWICKLUNG VON SCRUM ALS FORMALE METHODE

1995 präsentierten Jeff Sutherland und Ken Schwaber erstmals ein formales Konzept von Scrum auf der OOPSLA-Konferenz (Object-Oriented Programming, Systems, Languages, and Applications) in den USA. Ihre Präsentation erklärte detailliert, wie Scrum funktionieren sollte: ein klares Framework, das aus festen Rollen, Meetings und Artefakten besteht und in sogenannten „Sprints" oder Arbeitszyklen organisiert ist. Diese erste Version von Scrum beinhaltete bereits zentrale Rollen wie den **Product Owner**, den **Scrum Master** und das **Entwicklungsteam**, die bis heute unverändert sind.

In den folgenden Jahren verfeinerten Schwaber und Sutherland das Modell weiter. Sie legten besonderen Wert auf die Einführung von regelmäßigen Meetings wie den **Daily Stand-ups** und **Retrospektiven**. Diese Treffen sollten sicherstellen, dass das Team kontinuierlich reflektieren und anpassen konnte, was im Sinne von Transparenz und schnellem Feedback die Effizienz und Qualität der Arbeit erhöhte. Die Idee war es, die Verantwortung an das Team zu übertragen und eine Kultur des gemeinsamen Lernens zu fördern, was für die damalige Zeit ein sehr unkonventioneller Ansatz war.

DIE OFFIZIELLE STANDARDISIERUNG UND EINFÜHRUNG DES SCRUM GUIDE

Um den Scrum-Prozess weltweit standardisieren zu können, entwickelten Ken Schwaber und Jeff Sutherland den **Scrum Guide**. Der erste Scrum Guide wurde 2010 veröffentlicht und beschreibt das Framework, die Rollen, Ereignisse und Artefakte, die Scrum zu einem klar strukturierten und universellen Ansatz machen. Der Scrum Guide ist bis heute eine zentrale Referenz und wird regelmäßig überarbeitet, um Scrum an aktuelle Anforderungen anzupassen. Die Überarbeitungen und Anpassungen des Guides sind ein klares Zeichen dafür, dass Scrum ein lebendiges Framework ist, das sich kontinuierlich weiterentwickelt.

Die Standardisierung von Scrum ermöglichte es Unternehmen weltweit, die Methode einfacher zu verstehen und in ihren eigenen Kontext zu integrieren. Der Scrum Guide machte Scrum zu einer klaren und reproduzierbaren

Methode, die für kleine und große Teams gleichermaßen zugänglich wurde. Er beschreibt, dass jedes Scrum-Event eine klare Zielsetzung hat und gibt dem Team gleichzeitig die Freiheit, seinen eigenen Weg zu finden. Der Scrum Guide ist heute die Grundlage für viele Scrum-Schulungen und Zertifizierungen und ein wichtiges Werkzeug in der Ausbildung von Scrum Master und Product Ownern.

SCRUM IM KONTEXT DER AGILEN BEWEGUNG

Scrum steht nicht allein, sondern ist Teil der sogenannten **Agilen Bewegung**, die zu Beginn der 2000er Jahre populär wurde. 2001 wurde das Agile Manifest veröffentlicht, ein Dokument, das von 17 führenden Softwareentwicklern verfasst wurde und agile Prinzipien und Werte propagiert. Das Manifest setzte den Fokus auf Kundenzufriedenheit, Flexibilität und Zusammenarbeit – Werte, die perfekt zu den Prinzipien von Scrum passen. Scrum ist somit eine der bekanntesten Methoden im Kontext des Agilen Manifests und stellt sicher, dass Teams die vier Grundwerte der Agilität – Individuen und Interaktionen, funktionierende Software, Zusammenarbeit mit dem Kunden und das Reagieren auf Veränderungen – in ihrem Arbeitsalltag umsetzen können.

Scrum wurde somit ein zentraler Baustein der agilen Bewegung und ist bis heute eine der am weitesten verbreiteten agilen Methoden. Die Flexibilität von Scrum und sein Fokus auf kontinuierliche Verbesserung, Transparenz und Zusammenarbeit machen es besonders geeignet, um Projekte in unsicheren, sich schnell verändernden Umfeldern zu managen. Dies gilt nicht nur für die Softwareentwicklung, sondern auch für viele andere Bereiche, in denen Agilität eine Rolle spielt.

WEITERENTWICKLUNGEN VON SCRUM: SKALIERUNG UND SPEZIFISCHE ANWENDUNGSFORMEN

Da Unternehmen Scrum vermehrt für größere Projekte und über mehrere Teams hinweg anwenden wollten, entstanden sogenannte **skalierte Scrum-Frameworks**. Eine der bekanntesten Weiterentwicklungen ist das **Scaled**

Agile Framework (SAFe), das Prinzipien von Scrum auf die Ebene großer Organisationen überträgt. Hierbei geht es darum, mehrere Scrum-Teams in größeren Projekten zu koordinieren und sicherzustellen, dass ihre Arbeit effizient aufeinander abgestimmt ist.

Ein weiteres bedeutendes Framework ist **LeSS (Large Scale Scrum)**, das speziell für größere Teams entwickelt wurde und darauf abzielt, die Werte von Scrum auch in umfangreichen Projekten zu bewahren. LeSS reduziert die Anzahl an übergeordneten Rollen und Meetings und ermöglicht es großen Teams, agil zu bleiben, ohne dass das Management zu komplex wird.

Andere bedeutende Ansätze sind **Nexus** und das **Spotify-Modell**. Letzteres, das bei dem Streaming-Dienst Spotify entwickelt wurde, stellt Teams als „Squads" dar, die weitgehend autonom arbeiten. Diese Weiterentwicklungen zeigen, dass Scrum über die Jahre immer wieder an die Bedürfnisse großer und schnell wachsender Unternehmen angepasst wurde und eine hohe Flexibilität bewiesen hat.

HERAUSFORDERUNGEN UND KRITIK AN SCRUM

Trotz seiner Beliebtheit steht Scrum auch immer wieder in der Kritik. Einige Unternehmen und Teams berichten von Schwierigkeiten bei der Implementierung, besonders dann, wenn das Unternehmen stark hierarchisch strukturiert ist und eine Kultur des Mikromanagements herrscht. Scrum fordert eine neue Art der Zusammenarbeit, bei der das Team mehr Verantwortung übernimmt, was nicht immer einfach zu etablieren ist. Ein häufiger Kritikpunkt ist zudem, dass Scrum manchmal zu starr angewendet wird und dabei seine ursprüngliche Flexibilität verliert.

Scrum kann seine Vorteile vor allem dann entfalten, wenn es als flexible, anpassbare Methode genutzt wird. Unternehmen, die Scrum starr und formalistisch einsetzen, ohne auf die Bedürfnisse des Teams und des Projekts einzugehen, werden häufig enttäuscht. Hier zeigt sich, dass Scrum eine Kultur der Offenheit und Transparenz braucht, um wirklich effektiv zu sein. Die Anpassung und Anpassungsfähigkeit an den Kontext des jeweiligen Teams ist daher entscheidend, damit Scrum erfolgreich sein kann.

DIE BEDEUTUNG VON SCRUM IN DER MODERNEN ARBEITSWELT

Heutzutage ist Scrum nicht mehr nur ein Werkzeug für Softwareentwickler, sondern wird in vielen Bereichen genutzt, darunter Marketing, HR, Bildung und Forschung. Der Fokus auf Zusammenarbeit, Transparenz und kontinuierliche Verbesserung ist in einer zunehmend vernetzten und sich schnell verändernden Arbeitswelt unverzichtbar geworden. Die Werte und Prinzipien von Scrum – wie der Mut zur Offenheit, das Vertrauen in das Team und die Bereitschaft zur ständigen Weiterentwicklung – spiegeln die Anforderungen wider, denen sich moderne Organisationen stellen müssen.

Scrum hat die Art und Weise, wie Teams arbeiten und Produkte entwickeln, grundlegend verändert. Mit seinem Ansatz, der auf Autonomie, Verantwortung und eine Kultur der kontinuierlichen Verbesserung setzt, bleibt Scrum auch heute eine inspirierende Methode, um komplexe Projekte anzugehen und den Herausforderungen der modernen Arbeitswelt zu begegnen.

SCRUM ALS LEBENDIGES FRAMEWORK

Die Entwicklung von Scrum ist ein beeindruckendes Beispiel dafür, wie sich Arbeitsmethoden durch kontinuierliche Reflexion und Anpassung verbessern lassen. Von seinen Anfängen als Konzept für die Produktentwicklung bis hin zur heutigen Rolle als eine der weltweit führenden agilen Methoden hat sich Scrum stets an die Bedürfnisse der Arbeitswelt angepasst und weiterentwickelt. Durch neue Frameworks und Skalierungsmodelle konnte es sogar in großen Organisationen Einzug halten, ohne dabei seine agilen Werte und Prinzipien zu verlieren.

Scrum ist mehr als nur ein Prozess – es ist eine Denkweise, die Veränderung und Zusammenarbeit fördert. Indem es Teams die Möglichkeit gibt, Verantwortung zu übernehmen und kreativ auf Herausforderungen zu reagieren, trägt Scrum dazu bei, dass Unternehmen sich kontinuierlich verbessern und an die sich wandelnden Anforderungen anpassen können. Auch in Zukunft wird Scrum daher eine wichtige Rolle in der Weiterentwicklung moderner, agiler Arbeitsmethoden spielen und zeigen, wie flexible Zusammenarbeit und Vertrauen in die Teamdynamik zu einem innovativen und produktiven Arbeitsumfeld beitragen können.

24 + 1 DENKANSTÖSSE

Das war eine Menge Theorie und Hintergrundwissen. Aber Scrum soll doch mein Leben leichter machen?

Also gut:
Die folgenden 24 + 1 Kapitel sind nach dem gleichen Muster aufgebaut:

Jeweils ein wichtiges Prinzip oder zentraler Begriff werden kurz erklärt, dazu gibt es noch die wichtigsten 5 Vorteile als Liste.

Und eine Geschichte, wie es besser nicht gemacht wird, und wie das Prinzip bei einem besseren, leichteren Leben helfen kann.

Es gibt auch Platz für eigene Gedanken, Ideen. Es soll ja ein Denkanstoss sein.

Und: gerne ausreißen, ausschneiden, anmalen, an den Kühlschrank kleben, verschenken … oder wegwerfen, wenn etwas gar nicht zu Dir passt!

24 + 1 Denkanstösse – wie Scrum das Leben leichter machen kann

1

YAGNI

Scrum-Definition:

YAGNI oder „You ain't gonna need it"[1] besagt, dass man nur das entwickelt oder bearbeitet, was aktuell benötigt wird. Zusätzliche Funktionen oder Arbeitsschritte, die nicht sofort erforderlich sind, werden vermieden, um Zeit und Ressourcen zu sparen. Oft braucht man auch diese zusätzlichen Funktionen gar nicht mehr!

Anwendung im Alltag:

Man konzentriert sich auf die aktuellen, wichtigen Aufgaben und vermeidet es, zu viele unnötige Pläne für die Zukunft zu machen, um sich nicht zu überlasten.

Vorteile:

1. YAGNI spart Zeit und Energie, da man sich nur auf das konzentriert, was wirklich notwendig ist.
2. Es hilft, die Produktivität zu steigern, weil man klarere Prioritäten setzt.
3. Die Methode verhindert Überarbeitung und bewahrt Energie für wirklich wichtige Aufgaben.
4. Sie reduziert Stress, da man sich nicht durch hypothetische Szenarien überfordert fühlt.
5. YAGNI steigert die Zufriedenheit, weil man spürbare Fortschritte in den aktuellen Aufgaben sieht.

---

[1] auf Deutsch etwa: „Du wirst es gar nicht brauchen"

So besser nicht (Missachtung von YAGNI)

Maja und Leo planen eine Renovierung ihrer Wohnung. Leo beginnt, Ideen für zukünftige Projekte zu sammeln, wie ein Heimkino und ein extra Gästezimmer. Er plant und investiert Zeit in diese Ideen, obwohl sie für ihre aktuelle Renovierung keine Rolle spielen. Währenddessen bleibt die eigentliche Renovierung auf der Strecke, und Maja ist frustriert, weil das Hauptziel – das Wohnzimmer – kaum Fortschritte macht. Als Wochen vergehen, ohne dass die Grundarbeiten abgeschlossen sind, geraten sie in Zeitnot und schaffen es nur knapp, das Wohnzimmer fertigzustellen. Beide sind gestresst und unzufrieden und erkennen, dass sie sich auf das Wesentliche hätten konzentrieren sollen.

Erfolgreiche Geschichte (Anwendung von YAGNI)

Maja und Leo planen die Renovierung ihrer Wohnung und beschließen, sich nur auf die dringendsten Arbeiten zu konzentrieren. Sie entscheiden, dass das Wohnzimmer und die Küche Vorrang haben, und lassen zukünftige Projekte wie das Heimkino erstmal beiseite. Maja erstellt eine To-Do-Liste für die wichtigsten Schritte, und Leo bleibt motiviert, da sie sichtbare Fortschritte machen. Beide konzentrieren sich darauf, die Renovierung effizient und gründlich abzuschließen. Am Ende haben sie das Wohnzimmer und die Küche fertiggestellt und sind begeistert vom Ergebnis. Durch ihre klare Fokussierung bleiben sie motiviert und sparen Energie und Geld für die nächsten Projekte.

Wo habe ich schon mal „zu viel" vorgearbeitet?

....
....
....
....
....
....

Was habe ich dabei beobachtet, wie ging es mir dabei?

....
....
....
....
....
....

Will ich das ändern, und wie (konkrete Schritte)?

....
....
....
....
....
....

2

TRANSPARENZ

Scrum-Definition:

Transparenz bedeutet in Scrum, dass Informationen und Fortschritte offen und klar kommuniziert werden, sodass jeder im Team denselben Kenntnisstand hat.

Anwendung im Alltag:

Transparenz bedeutet, alle Informationen über Pläne, Herausforderungen und Fortschritte zu teilen, um Missverständnisse zu vermeiden und Vertrauen zu fördern.

Vorteile:

1. Transparenz fördert Vertrauen und reduziert Missverständnisse.
2. Sie verhindert böse Überraschungen, da alle stets informiert sind.
3. Herausforderungen können rechtzeitig erkannt und angegangen werden.
4. Sie verbessert die Zusammenarbeit, da ein gemeinsames Verständnis herrscht.
5. Regelmäßige Updates sorgen für einen klaren Überblick und steigern die Effizienz.

So besser nicht (keine Transparenz)

Lisa und Tom möchten ihre Küche renovieren. Anfangs sind sie voller Vorfreude, denn sie haben schon lange auf diesen Moment gespart. Doch Tom, voller Enthusiasmus, übernimmt die Planung und geht davon aus, dass Lisa ihm vertraut und alles läuft. Ohne Rücksprache mit Lisa entscheidet er sich für teurere Materialien, weil er denkt, dass das die Küche eleganter macht. Lisa freut sich zwar, dass die Arbeiten vorangehen, hat jedoch keine Ahnung, wie viel bereits ausgegeben wurde. Wochen später sitzt sie abends am Küchentisch und blickt fassungslos auf die Rechnungen – das Budget ist überzogen, und die Renovierung ist noch nicht abgeschlossen. „Warum hast du mich nicht gefragt?" konfrontiert sie Tom, der betreten auf die Rechnungen schaut und versucht, zu erklären, dass er dachte, sie würde den Unterschied nicht bemerken. Lisa ist enttäuscht und verärgert, und Tom fühlt sich missverstanden. Die Atmosphäre wird immer angespannter, und die Freude an der neuen Küche ist verflogen. Beide wünschen sich, sie hätten das Ganze gemeinsam und offen besprochen.

Erfolgreiche Geschichte (offene Kommunikation)

Lisa und Tom planen ihre Küchenrenovierung mit Freude und gegenseitigem Vertrauen. Von Anfang an setzen sie sich wöchentliche Treffen, bei denen sie alle wichtigen Details durchsprechen. Jede Woche stellen sie fest, wie sich das Budget entwickelt, welche Materialien gebraucht werden und ob es neue Ideen gibt. Tom schlägt irgendwann vor, eine schönere Arbeitsplatte zu kaufen, die allerdings etwas teurer ist. Dank ihrer Transparenz kann Lisa ihre Bedenken äußern, und sie beschließen, das Geld an anderer Stelle einzusparen. Die Renovierung verläuft reibungslos, und beide fühlen sich wohl damit, dass sie alle Entscheidungen gemeinsam treffen. Als die neue Küche schließlich fertig ist, genießen Lisa und Tom den Raum und wissen, dass sie ihn gemeinsam gestaltet haben. Die transparente Kommunikation hat ihnen geholfen, gemeinsam Lösungen zu finden und das Projekt erfolgreich abzuschließen.

Wo habe ich / haben wir nicht offen kommuniziert?

....
....
....
....
....
....

Was habe ich dabei beobachtet, wie ging es mir dabei? Und wie ging es meinem Gegenüber / Kollegen / Partner damit?

....
....
....
....
....
....

Will ich das ändern, und wie (konkrete Schritte)?

....
....
....
....
....
....

24 + 1 Denkanstösse – wie Scrum das Leben leichter machen kann

3

FOKUS

Scrum-Definition:

Im Scrum steht Fokus dafür, dass das Team ungestört an einem klaren Ziel arbeitet, wodurch die Effizienz und die Qualität des Ergebnisses gesteigert werden.

Anwendung im Alltag:

Fokus bedeutet, sich für eine bestimmte Zeit ausschließlich auf eine Aufgabe zu konzentrieren und Störungen möglichst auszuschließen.

Vorteile:

1. Fokus hilft, Aufgaben effizienter und schneller zu erledigen.
2. Die Qualität steigt, da man nicht ständig neu ansetzen muss.
3. Die Konzentration auf eine Aufgabe spart Zeit und Energie, die dann für andere Dinge bleibt.
4. Der Stress sinkt, da Ablenkungen reduziert und klare Fortschritte erzielt werden.
5. Ein klarer Fokus unterstützt ein gutes Gleichgewicht zwischen Arbeits- und Freizeit.

So besser nicht (Missachtung des Fokus)

Julia und Ben stehen vor ihren Prüfungen und beschließen, gemeinsam zu lernen. Während Julia konzentriert ihre Lernsessions plant, glaubt Ben, dass er „spontan besser lernt." Er hält sein Handy stets griffbereit und lässt sich von jeder Benachrichtigung ablenken. Während Julia bereits tief in ihre Notizen vertieft ist, schaut Ben ständig nach neuen Nachrichten und verliert schnell den Faden. Wenn er es wiederholt versucht, scheint er zunehmend gestresst und genervt zu sein, weil ihm immer wieder der rote Faden entgleitet. Julia versucht, ihn zu ermutigen, das Handy beiseitezulegen, doch Ben winkt ab. Am Tag der Prüfung fühlt sich Ben unvorbereitet, während Julia ruhig und selbstbewusst wirkt. Sie besteht die Prüfung, während Ben enttäuscht feststellt, dass er hätte besser lernen können, wenn er sich fokussiert hätte.

Erfolgreiche Geschichte (Anwendung des Fokus)

Julia und Ben entscheiden sich, gemeinsam für ihre Prüfungen zu lernen. Julia schlägt vor, sich jeden Tag für zwei Stunden ohne Ablenkungen in die Materie zu vertiefen, und Ben beschließt, ihr Beispiel zu folgen. Sie vereinbaren, ihre Handys während dieser Zeit auszuschalten und alle Benachrichtigungen zu ignorieren. Nach dem ersten Lerntag fühlen sie sich bereits effizient und zufrieden, da sie ohne Ablenkungen viel mehr geschafft haben als erwartet. Ben merkt, wie gut es ihm tut, sich für eine Weile nur auf das Lernen zu konzentrieren, ohne ständig nach neuen Nachrichten zu schauen. Nach jeder Lernsession gönnen sie sich eine Pause, und Ben erzählt, dass er sich motivierter fühlt und das Lernen deutlich angenehmer findet. Am Tag der Prüfung sind beide ruhig und bereit, da sie mit Fokus und Ruhe gelernt haben. Als die Ergebnisse kommen, sind beide stolz auf ihre Leistung und froh, die Strategie beibehalten zu haben.

Wo hatte ich den Fokus verloren, mich ablenken lassen?

....
....
....
....
....
....

Was habe ich dabei beobachtet, wie ging es mir dabei? Wie war das Ergebnis?

....
....
....
....
....
....

Will ich das ändern, und wie (konkrete Schritte)?

....
....
....
....
....
....

4

ITERATIVES VORGEHEN

Scrum-Definition:

In Scrum bedeutet iterative Entwicklung, große Aufgaben in kleine, abgeschlossene Schritte zu zerlegen. Jede Iteration bringt einen überprüfbaren Fortschritt und ermöglicht Anpassungen.

Anwendung im Alltag:

Das Prinzip wird angewandt, indem große Aufgaben in machbare Einzelschritte zerlegt werden. Jeder Schritt wird einzeln abgeschlossen, und man prüft regelmäßig, ob eine Anpassung nötig ist.

Vorteile:

1. Iterative Entwicklung verhindert Überforderung, da die Aufgabe in machbare Teile gegliedert wird.
2. Jeder abgeschlossene Schritt bringt ein Erfolgserlebnis und fördert die Motivation.
3. Man kann flexibel auf unerwartete Hindernisse reagieren und den Plan anpassen.
4. Regelmäßige Überprüfungen helfen, den Fortschritt klar zu sehen und Unnötiges auszuschließen.
5. Das Prinzip minimiert das Risiko, durch zu hohe Erwartungen entmutigt zu werden, da kleine Erfolge gefeiert werden können.

So besser nicht (Missachtung des iterativen Vorgehens)

Anna und Max setzen sich ein großes Ziel: Sie wollen für ihren Italienurlaub in nur drei Monaten fließend Italienisch sprechen. Voller Motivation stürzen sie sich in das Projekt. Max bringt riesige Lernbücher, Übungsblätter und ein Online-Abo, das täglich mindestens zwei Stunden Übung verlangt. Die ersten Tage läuft es gut, doch schon nach der ersten Woche fühlen sie sich überfordert. Anna wirft einen besorgten Blick auf den Stapel Vokabelkarten, der täglich wächst, und Max seufzt, als er merkt, dass die Zeit immer knapper wird. Sie haben das Gefühl, keinen einzigen Satz wirklich zu beherrschen, und trotzdem strömen immer neue Themen auf sie ein. „Wie sollen wir das jemals schaffen?" fragt Anna verzweifelt. Die wöchentlichen Treffen werden zunehmend kürzer, und irgendwann beschließen beide, die Lernstunden ausfallen zu lassen – die Belastung scheint zu groß. Im Urlaub bleibt ihnen am Ende nur ein unsicheres „Ciao" oder „Grazie." Sie ärgern sich darüber, so viel investiert und dennoch kaum Fortschritte gemacht zu haben, und wünschen sich, sie hätten das Lernen in machbare Schritte aufgeteilt.

Erfolgreiche Geschichte (Anwendung des iterativen Vorgehens)

Anna und Max setzen sich ein realistisches Ziel für ihren Italienurlaub: In drei Monaten möchten sie sich in den Grundlagen der Sprache wohlfühlen. Statt alles auf einmal lernen zu wollen, beschließen sie, sich wöchentlich kleine Ziele zu setzen. In der ersten Woche lernen sie die Begrüßung und einfache Sätze – Max führt ein kleines Rollenspiel vor, und beide lachen, als Anna fehlerfrei „Buongiorno" sagt. Die nächste Woche steht ganz im Zeichen von Restaurant-Dialogen, und am Wochenende bestellen sie zur Übung auf Italienisch bei ihrem Lieblingsitaliener. Jede Woche feiern sie ihre Fortschritte und sind motivierter als je zuvor. Vor dem Urlaub schaffen sie sogar einfache Konversationen. In Italien angekommen, überraschen sie sich selbst: Sie verstehen Straßenschilder, bestellen mit Leichtigkeit und tauschen freundliche Worte mit Einheimischen aus. Die Methode mit den kleinen Schritten hat sich gelohnt, und beide freuen sich, wie weit sie es gebracht haben.

Wo wollte ich zu viel auf einmal?

……………………………………………………………………………
……………………………………………………………………………
……………………………………………………………………………
……………………………………………………………………………
……………………………………………………………………………
……………………………………………………………………………

Fühlte ich mich überfordert?
Kam ich schneller ans Ziel?

……………………………………………………………………………
……………………………………………………………………………
……………………………………………………………………………
……………………………………………………………………………
……………………………………………………………………………
……………………………………………………………………………

Will ich das ändern, und wie (konkrete Schritte)?

……………………………………………………………………………
……………………………………………………………………………
……………………………………………………………………………
……………………………………………………………………………
……………………………………………………………………………
……………………………………………………………………………

5

SELBSTORGANISATION

Scrum-Definition:

Selbstorganisation bedeutet, dass das Team eigenständig organisiert arbeitet, ohne auf ständige Anweisungen oder Kontrolle angewiesen zu sein.

Anwendung im Alltag:

Man entwickelt eine Struktur, die einem erlaubt, Aufgaben ohne dauerhafte Anleitung zu erledigen. Dadurch lernt man, Entscheidungen zu treffen und Probleme selbst zu lösen.

Vorteile:

1. Selbstorganisation stärkt die Eigenständigkeit und fördert das persönliche Wachstum.
2. Sie steigert die Effizienz, da man Aufgaben ohne ständige Unterbrechung erledigen kann.
3. Selbstorganisation schafft eine klare Struktur im Alltag, was Stress reduziert.
4. Man lernt, Prioritäten zu setzen und die verfügbaren Ressourcen effektiv zu nutzen.
5. Sie fördert das Vertrauen in die eigenen Fähigkeiten und führt zu mehr Zufriedenheit.

Schlechte Geschichte (Missachtung der Selbstorganisation)

David und Lisa organisieren eine Geburtstagsfeier für ihren gemeinsamen Freund, aber keiner von beiden übernimmt die Führung. Sie sind sich sicher, dass der andere schon einen Plan hat, und bleiben in einer Art „Warteschleife." Ein paar Tage vor der Feier stellt David fest, dass er noch keine Getränke besorgt hat, und Lisa hat das Catering nicht gebucht. Beide geraten in Panik und versuchen hektisch, alles in letzter Minute zu organisieren. Am Tag der Feier ist die Stimmung angespannt, und es gibt nur wenige Snacks und Getränke, weil einige Lieferungen nicht rechtzeitig angekommen sind. Die Gäste merken, dass die Party schlecht organisiert ist, und David und Lisa sind frustriert und enttäuscht. Sie erkennen, dass die Feier besser gelungen wäre, wenn sie sich selbst organisiert und klare Aufgabenverteilungen vereinbart hätten.

Erfolgreiche Geschichte (Anwendung der Selbstorganisation)

David und Lisa planen eine Geburtstagsfeier für ihren gemeinsamen Freund und beschließen von Anfang an, sich selbst zu organisieren. Sie teilen die Aufgaben auf: David kümmert sich um die Getränke und Dekoration, während Lisa das Catering und die Einladungen übernimmt. Beide erstellen eine To-Do-Liste und legen sich Deadlines fest. Einmal pro Woche besprechen sie kurz ihre Fortschritte, um sicherzustellen, dass alles nach Plan läuft. David besorgt einige schöne Deko-Elemente, und Lisa wählt ein Catering, das die Vorlieben des Geburtstagskindes perfekt trifft. Am Tag der Feier läuft alles reibungslos, und die Gäste genießen die liebevoll gestaltete Party. David und Lisa sind stolz auf ihre erfolgreiche Organisation und freuen sich, dass sie eigenständig eine großartige Feier auf die Beine gestellt haben.

Wo fanden Absprachen statt, und was ist passiert?

....
....
....
....
....
....

Was habe ich dabei beobachtet?

....
....
....
....
....
....

Will ich das ändern, und wie (konkrete Schritte)?

....
....
....
....
....
....

24 + 1 Denkanstösse – wie Scrum das Leben leichter machen kann

EIGENVERANTWORTUNG

Scrum-Definition:

Eigenverantwortung bedeutet, dass jedes Teammitglied Verantwortung für seine Aufgaben übernimmt und eigenständig an deren Umsetzung arbeitet.

Anwendung im Alltag:

Man übernimmt für seine Entscheidungen und Handlungen Verantwortung und wartet nicht darauf, dass andere einen anleiten oder die Arbeit abnehmen.

Vorteile:

1. Eigenverantwortung stärkt das Selbstvertrauen und fördert persönliches Wachstum.
2. Man wird unabhängiger und fühlt sich weniger von äußeren Umständen abhängig.
3. Sie fördert die Produktivität, da man klar auf das eigene Ziel hinarbeitet.
4. Teamarbeit verbessert sich, da jedes Mitglied zu einem verlässlichen Teil der Gruppe wird.
5. Eigenverantwortung bringt Erfolgserlebnisse, die motivieren und stolz machen.

Schlechte Geschichte (Missachtung der Eigenverantwortung)

Felix und Sophie arbeiten an einem gemeinsamen Projekt in der Schule. Felix, der sich wenig verantwortlich fühlt, überlässt Sophie den größten Teil der Aufgaben. Er denkt, dass sie die Dinge schon regeln wird und konzentriert sich auf andere Fächer. Sophie ist frustriert, weil sie ständig hinter Felix her sein muss und selbst ihre Fragen nicht beantwortet werden. Schließlich nähert sich der Abgabetermin, und Felix merkt, dass das Projekt unvollständig ist. Er wird nervös und sucht nach Ausreden, während Sophie entmutigt aufgibt und sagt, dass sie nicht mehr alles allein machen kann. Am Ende reichen sie das Projekt zu spät ein und erhalten eine schlechte Note. Felix und Sophie erkennen, dass das Ergebnis besser gewesen wäre, wenn beide ihre Verantwortung ernst genommen hätten.

Erfolgreiche Geschichte (Anwendung der Eigenverantwortung)

Felix und Sophie haben ein Schulprojekt zusammen. Zu Beginn setzt sich jeder klare Ziele und Aufgaben, die er selbstständig umsetzen kann. Felix beschließt, die Recherche zu übernehmen, während Sophie für die Gestaltung verantwortlich ist. Jeden Nachmittag berichten sie sich gegenseitig von ihren Fortschritten und teilen Ideen. Felix erkennt, wie spannend das Thema ist, und entwickelt eigene Gedanken, die er mit Sophie diskutiert. Sophie ist beeindruckt von seinem Engagement und fügt seine Ideen kreativ in ihre Präsentation ein. Am Ende haben sie eine umfassende Arbeit geschaffen, die ihre Lehrer loben. Beide fühlen sich stolz, weil sie das Projekt durch ihre Eigenverantwortung gemeinsam erfolgreich umgesetzt haben.

Wo fühlte sich niemand zuständig, nd was ist passiert?

....
....
....
....
....
....

Was habe ich dabei beobachtet, wie ging es mir dabei?

....
....
....
....
....
....

Will ich das ändern, und wie (konkrete Schritte)?

....
....
....
....
....
....

VERTRAUEN

Scrum-Definition:

Vertrauen ist im Scrum eine Grundlage der Zusammenarbeit. Teammitglieder vertrauen darauf, dass jeder sein Bestes gibt und zuverlässig arbeitet.

Anwendung im Alltag:

Vertrauen bedeutet, an andere zu glauben und ihnen die Freiheit zu geben, ohne ständige Kontrolle zu arbeiten. So entstehen stabile und respektvolle Beziehungen.

Vorteile:

1. Vertrauen fördert die Teamarbeit und reduziert Konflikte.
2. Menschen arbeiten motivierter, wenn sie wissen, dass man ihnen vertraut.
3. Beziehungen stärken sich, da Vertrauen gegenseitigen Respekt zeigt.
4. Vertrauen schafft eine positive Atmosphäre, in der jeder sein Potenzial entfalten kann.
5. Es verringert Stress, da man auf die Zuverlässigkeit anderer zählen kann.

Schlechte Geschichte (Missachtung des Vertrauens)

Nina und Tom arbeiten gemeinsam an einer Präsentation für ein wichtiges Meeting. Doch Nina ist unsicher, ob Tom seine Teile rechtzeitig und in guter Qualität abliefern wird. Also schaut sie ständig in seine Unterlagen und gibt ihm unaufgefordert Hinweise. Tom fühlt sich bevormundet und wird langsam frustriert. Er beginnt, seine Ideen nicht mehr zu teilen, weil er das Gefühl hat, dass Nina ihm nicht vertraut. Das führt dazu, dass beide aneinander vorbeiarbeiten und sich missverstanden fühlen. Als der Tag des Meetings näherkommt, ist die Präsentation unvollständig, weil Tom weniger motiviert gearbeitet hat. Nach dem Meeting sprechen sie darüber und erkennen, dass es besser gewesen wäre, sich gegenseitig mehr Vertrauen zu schenken.

Erfolgreiche Geschichte (Anwendung des Vertrauens)

Nina und Tom bereiten gemeinsam eine Präsentation für ein Meeting vor. Beide legen ihre jeweiligen Aufgaben fest, und Nina gibt Tom die Freiheit, seinen Teil nach seinem eigenen Stil zu gestalten. Sie spricht ihm ihr Vertrauen aus und fragt nur bei Fragen, die wirklich relevant für sie sind. Tom fühlt sich dadurch motiviert und bringt kreative Ideen ein, die die Präsentation bereichern. Als Nina seinen Fortschritt sieht, ist sie begeistert und lobt ihn für seine Arbeit. Tom spürt, dass er ihr Vertrauen gewonnen hat, und beide arbeiten harmonisch zusammen. Am Tag des Meetings halten sie eine beeindruckende Präsentation, die von den Kollegen gelobt wird. Beide erkennen, dass das gegenseitige Vertrauen ihnen geholfen hat, erfolgreich und produktiv zu arbeiten.

Wo bin ich, sind wir wegen fehlendem Vertrauen gescheitert?

……………………………………………………………………………..
……………………………………………………………………………..
……………………………………………………………………………..
……………………………………………………………………………..
……………………………………………………………………………..
……………………………………………………………………………..

Was habe ich dabei beobachtet, wie ging es mir dabei?

……………………………………………………………………………..
……………………………………………………………………………..
……………………………………………………………………………..
……………………………………………………………………………..
……………………………………………………………………………..
……………………………………………………………………………..

Will ich das ändern, und wie (konkrete Schritte)?

……………………………………………………………………………..
……………………………………………………………………………..
……………………………………………………………………………..
……………………………………………………………………………..
……………………………………………………………………………..
……………………………………………………………………………..

8

KONTINUIERLICHE VERBESSERUNG

Scrum-Definition:

Im Scrum geht es bei der kontinuierlichen Verbesserung darum, nach jedem Sprint Rückmeldungen einzuholen und Anpassungen vorzunehmen, um die Arbeit effizienter und effektiver zu gestalten.

Anwendung im Alltag:

Man reflektiert regelmäßig seine Handlungen und lernt aus den Erfahrungen, um fortlaufend bessere Ergebnisse zu erzielen.

Vorteile:

1. Kontinuierliche Verbesserung fördert persönliches Wachstum und die Fähigkeit, aus Fehlern zu lernen.
2. Sie erhöht die Effizienz, da man sich stets nach besseren Lösungen umsieht.
3. Reflexion hilft, die eigenen Stärken und Schwächen zu erkennen und gezielt zu verbessern.
4. Durch kleine, ständige Anpassungen steigt die Qualität der Arbeit oder des Projekts.
5. Diese Einstellung verhindert Stagnation und hält die Motivation aufrecht.

Schlechte Geschichte (keine kontinuierliche Verbesserung)

Sarah und Jan trainieren zusammen für einen Halbmarathon, haben aber keine genaue Strategie. Jede Woche machen sie die gleichen Laufstrecken und Übungen, ohne ihren Fortschritt zu überprüfen. Sarah merkt, dass ihre Zeiten nicht besser werden und Jan immer öfter mit Schmerzen zu kämpfen hat. Doch beide ignorieren die Zeichen und bleiben stur bei ihrer Routine. Wochen vergehen, und am Tag des Rennens fühlen sie sich überfordert und schlecht vorbereitet. Sarah bleibt unter ihren Erwartungen, und Jan muss den Lauf wegen seiner Verletzungen abbrechen. Sie erkennen, dass sie sich besser auf das Training hätten einstellen können, wenn sie regelmäßig reflektiert und ihre Technik und Planung verbessert hätten.

Erfolgreiche Geschichte (mit kontinuierlicher Verbesserung)

Sarah und Jan bereiten sich auf einen Halbmarathon vor und entscheiden, jede Woche ihre Fortschritte zu reflektieren. Nach jedem Trainingstag besprechen sie, was gut lief und was verbessert werden könnte. Als Jan feststellt, dass seine Schuhe Schmerzen verursachen, tauscht er sie aus, und Sarah passt ihre Technik an, um effizienter zu laufen. Jede Woche passen sie ihre Strecken und Geschwindigkeiten an und setzen sich kleine, realistische Ziele. Ihr Training wird Woche für Woche effektiver, und sie merken, dass sie sich stetig verbessern. Am Tag des Halbmarathons fühlen sich beide fit und gut vorbereitet. Beide erreichen ihre persönlichen Ziele und feiern ihre Leistung, dank des ständigen Willens zur Verbesserung.

Wo ist kontinuierliche Verbesserung sinnvoll? Nehme ich mir auch die Zeit dafür?

....
....
....
....
....
....

Was habe ich dabei beobachtet, wie ging es mir dabei?

....
....
....
....
....
....

Will ich das ändern, und wie (konkrete Schritte)?

....
....
....
....
....
....

EFFEKTIVE KOMMUNIKATION

Scrum-Definition:

Effektive Kommunikation im Scrum bedeutet, dass Informationen klar, präzise und zielgerichtet ausgetauscht werden, um Missverständnisse zu vermeiden und den Teamzusammenhalt zu stärken.

Anwendung im Alltag:

Man achtet darauf, in Gesprächen klar und direkt zu sein, anstatt sich vage auszudrücken oder Dinge anzunehmen. So entstehen weniger Missverständnisse, und Beziehungen können sich vertiefen.

Vorteile:

Effektive Kommunikation verhindert Missverständnisse und spart Zeit.
1. Sie stärkt das Vertrauen und die Zusammenarbeit zwischen Menschen.
2. Probleme können schneller erkannt und gelöst werden.
3. Der Austausch wird effizienter und produktiver.
4. Klare Kommunikation fördert eine offene und respektvolle Atmosphäre.

Schlechte Geschichte (Missachtung der effektiven Kommunikation)

Laura und Finn planen, für das Wochenende wegzufahren, doch keiner von beiden klärt die Details. Finn nimmt an, dass Laura die Unterkunft reserviert, während Laura davon ausgeht, dass Finn sich darum kümmert. Sie sprechen nicht direkt über ihre Erwartungen und bleiben beide in Unklarheit. Am Abend vor der Abreise stellen sie fest, dass keine Unterkunft gebucht ist und die meisten Hotels ausgebucht sind. Verärgert beschuldigen sie sich gegenseitig, und ihre Vorfreude auf das Wochenende ist dahin. Sie müssen den Ausflug kurzfristig absagen und ärgern sich darüber, dass ein einfaches Gespräch das Missverständnis hätte verhindern können.

Erfolgreiche Geschichte (effektive Kommunikation)

Laura und Finn planen ein gemeinsames Wochenende und entscheiden sich, klare Absprachen zu treffen. Sie setzen sich zusammen und besprechen alle Details: Finn übernimmt die Buchung der Unterkunft, und Laura kümmert sich um die Reiseroute und Reservierungen für ein Restaurant. Ein paar Tage vor dem Ausflug bestätigt Finn die Unterkunft, und Laura informiert ihn über die Restaurants, die sie ausgewählt hat. Beide sind entspannt, da sie genau wissen, wer wofür verantwortlich ist, und keine Missverständnisse aufkommen. Am Wochenende genießen sie einen harmonischen und gut geplanten Kurztrip. Dank der offenen Kommunikation fühlen sie sich beide zufrieden und haben eine großartige gemeinsame Zeit.

Wo kann ich an meiner Kommunikation arbeiten? Kommuniziere ich selbst immer zielführend?

....
....
....
....
....
....

Was habe ich dabei beobachtet, wie ging es mir dabei?

....
....
....
....
....
....

Will ich das ändern, und wie (konkrete Schritte)?

....
....
....
....
....
....

10

PAIR PROGRAMMING

Scrum-Definition:

Pair Programming bedeutet, dass zwei Personen zusammen an einer Aufgabe arbeiten: Einer schreibt den Code, und der andere überprüft und gibt Feedback in Echtzeit.

Anwendung im Alltag:

Zwei Personen arbeiten gemeinsam an einer Aufgabe, wobei eine Person den aktiven Part übernimmt und die andere unterstützt und Feedback gibt.

Vorteile:

1. Pair Programming fördert den Wissensaustausch und gegenseitige Unterstützung.
2. Fehler werden schneller entdeckt, da ein Partner alles mit einer zweiten Perspektive überprüft.
3. Es steigert die Qualität der Arbeit, da beide Partner voneinander lernen.
4. Zusammenarbeit motiviert und sorgt für schnelleres, effizienteres Arbeiten.
5. Pair Programming stärkt die Beziehung zwischen den Beteiligten und fördert das gegenseitige Vertrauen.

Schlechte Geschichte (Missachtung von Pair Programming)

Anna und Markus wollen zusammen kochen, doch jeder hat seine eigene Vorstellung davon, wie es ablaufen soll. Anna versucht, die Zwiebeln zu hacken, doch Markus greift ihr ständig ins Handwerk und gibt ungebetene Ratschläge. Genervt schneidet Anna die Zwiebeln anders, als Markus es will, und die Stimmung kippt. Immer wieder unterbricht Markus, bis Anna schließlich frustriert die Küche verlässt. Markus bleibt alleine zurück und versucht, das Gericht fertigzustellen, doch das Kochen macht ihm jetzt keinen Spaß mehr. Das Ergebnis ist nicht besonders gelungen, und beide sind enttäuscht. Sie merken, dass ihre Uneinigkeit ihnen das Kochen verdorben hat. Ohne klare Rollenverteilung und ohne gegenseitige Akzeptanz des anderen gelingt ihnen das Projekt nicht. Später entschließen sie sich, ihre nächsten Kochversuche besser abzustimmen.

Erfolgreiche Geschichte (Anwendung von Pair Programming)

Anna und Markus wollen gemeinsam ein neues Rezept ausprobieren, sind aber unsicher, wie es genau geht. Anna schlägt vor, dass einer die Zutaten abmisst, während der andere die Schritte liest. Markus beginnt, die Zutaten bereitzulegen, und Anna prüft die Reihenfolge. Sie arbeiten im Wechsel: Anna hackt Gemüse, während Markus die Pfanne vorbereitet, und so gelingt das Gericht Schritt für Schritt. Durch das gemeinsame Arbeiten macht das Kochen beiden viel Spaß, und sie lernen voneinander neue Tricks. Als das Gericht fertig ist, sind sie stolz auf das Ergebnis. Das Essen schmeckt hervorragend, und beide freuen sich über ihre Teamarbeit. Sie wissen jetzt, dass sie auch in Zukunft gemeinsam kochen können, ohne sich in die Quere zu kommen. Anna und Markus fühlen sich als Team gestärkt und wissen, dass die Zusammenarbeit ein voller Erfolg war.

Wo geht es gemeinsam besser, und wo nicht? Macht „Pairing" immer Sinn? Nehmen wir uns die Zeit dafür?

……………………………………………………………………………..
……………………………………………………………………………..
……………………………………………………………………………..
……………………………………………………………………………..
……………………………………………………………………………..
……………………………………………………………………………..

Was habe ich dabei beobachtet, wie ging es mir dabei?

……………………………………………………………………………..
……………………………………………………………………………..
……………………………………………………………………………..
……………………………………………………………………………..
……………………………………………………………………………..
……………………………………………………………………………..

Will ich das ändern, und wie (konkrete Schritte)?

……………………………………………………………………………..
……………………………………………………………………………..
……………………………………………………………………………..
……………………………………………………………………………..
……………………………………………………………………………..
……………………………………………………………………………..

11

SCHÄTZUNG VON SCRUM TASKS

Scrum-Definition:

Das Schätzen von Aufgaben bedeutet, den ungefähren Aufwand und die Dauer einer Aufgabe zu ermitteln, um das Team zu planen und Ressourcen zu verwalten.

Anwendung im Alltag:

Man schätzt, wie viel Zeit und Energie eine Aufgabe im Alltag benötigt, um Prioritäten besser zu setzen und den Tag sinnvoll zu planen.

Vorteile:

1. Schätzungen helfen, realistische Zeitpläne zu erstellen und Überarbeitung zu vermeiden.
2. Sie erleichtern das Setzen von Prioritäten, da man den Aufwand besser abschätzen kann.
3. Sie fördern das Bewusstsein für die eigene Kapazität und stärken das Zeitmanagement.
4. Schätzungen verhindern Stress, weil man weniger unerwartete Engpässe erlebt.
5. Die Methode hilft, persönliche und berufliche Ziele klarer zu erreichen.

Schlechte Geschichte (Missachtung der Schätzung von Tasks)

Jonas und Klara planen eine gemeinsame Projektarbeit. Beide denken, dass sie die Aufgaben an einem Nachmittag erledigen können, ohne eine genaue Zeitplanung zu machen. Sie starten motiviert, doch schon bald wird ihnen klar, dass die Recherche länger dauert als gedacht. Der Nachmittag vergeht, und sie sind weit hinter ihrem Zeitplan zurück. Klara wird unruhig, und Jonas beginnt, Aufgaben oberflächlich zu bearbeiten, um die Zeit einzuholen. Am Ende müssen sie einen zweiten Nachmittag einplanen und fühlen sich gestresst und demotiviert. Beide erkennen, dass eine klare Schätzung der Aufgabenzeit hilfreich gewesen wäre, um sich besser zu organisieren.

Erfolgreiche Geschichte (Anwendung der Schätzung von Tasks)

Jonas und Klara haben ein Projekt vor sich und setzen sich vorab zusammen, um den Zeitaufwand zu schätzen. Sie nehmen sich jede Aufgabe einzeln vor und überlegen, wie lange die Recherche, das Schreiben und das Zusammenstellen der Präsentation jeweils dauern könnte. Sie planen für jede Phase genügend Zeit ein und legen auch Pufferzeiten für unvorhergesehene Herausforderungen fest. So wissen beide genau, wie der Zeitplan aussieht, und können entspannt und konzentriert arbeiten. Das Projekt schreitet planmäßig voran, und sie haben sogar Zeit, die Arbeit am Ende noch einmal gemeinsam durchzugehen. Am Abgabetag sind beide stolz auf ihre Arbeit und zufrieden mit ihrer guten Planung.

Nehme ich mir die Zeit, vorher den Umfang meiner Aufgaben abzuschätzen oder mit anderen zu diskutieren? Warum nicht?

....
....
....
....
....
....

Was habe ich dabei beobachtet, wie ging es mir dabei?

....
....
....
....
....
....

Will ich das ändern, und wie (konkrete Schritte)?

....
....
....
....
....
....

24 + 1 Denkanstösse – wie Scrum das Leben leichter machen kann

12

ERFOLGE FEIERN

Scrum-Definition:

In Scrum wird nach einem Sprint oder nach Abschluss einer Aufgabe der Erfolg gewürdigt und gefeiert. Dies stärkt das Teamgefühl und motiviert alle Beteiligten, weiter engagiert zu arbeiten.

Anwendung im Alltag:

Man nimmt sich bewusst Zeit, Erfolge zu feiern, ob groß oder klein, um sich für die eigene Arbeit zu belohnen und Motivation zu schöpfen.

Vorteile:

1. Das Feiern von Erfolgen motiviert und fördert die Freude an der eigenen Leistung.
2. Es stärkt das Selbstvertrauen, da man stolz auf die eigene Leistung sein kann.
3. Es fördert den Teamgeist und sorgt für eine positive Atmosphäre.
4. Das Bewusstsein für die eigenen Erfolge erhöht die Zufriedenheit im Alltag.
5. Es setzt einen positiven Abschluss für Projekte, was die Motivation für zukünftige Vorhaben steigert.

Schlechte Geschichte (Missachtung des Feierns von Erfolgen)

Anna und Ben arbeiten wochenlang an der Planung eines großen Sommerfestes für ihre Nachbarschaft. Sie stecken viel Zeit und Energie in die Organisation, die Kommunikation mit den Nachbarn und das Einholen von Genehmigungen. Als der Tag des Festes kommt, läuft alles nach Plan, und die Gäste sind begeistert. Doch am Abend, als das Fest zu Ende ist und alle lobende Worte für das Event finden, packen Anna und Ben ihre Sachen stillschweigend zusammen. Sie sehen das Fest nur als weitere erledigte Aufgabe an und machen sich sofort Gedanken darüber, wie das nächste Jahr organisiert werden könnte. Ohne einander Anerkennung zu zeigen, gehen sie müde nach Hause. Anna hat das Gefühl, dass ihre harte Arbeit nicht ausreichend gewürdigt wurde, und Ben fühlt sich ausgelaugt, weil das Projekt für ihn kaum Freude brachte. Sie erkennen nicht, dass eine kurze Feier ihrer Leistung ihren Einsatz gewürdigt und sie beide motiviert hätte.

Erfolgreiche Geschichte (Anwendung des Feierns von Erfolgen)

Anna und Ben organisieren ein großes Sommerfest für die Nachbarschaft und stecken unzählige Stunden in die Vorbereitung. Als das Fest ein voller Erfolg wird und die Gäste begeistert sind, beschließen sie, diesen Moment zu feiern. Ben schlägt vor, nach dem Fest noch mit einigen Freunden auf ein Glas Sekt anzustoßen. Anna ist zunächst müde, aber als sie sieht, wie sehr die Gäste das Fest genießen, stimmt sie zu. Am Ende des Abends stoßen sie zusammen an und tauschen Komplimente und Erinnerungen über die witzigsten Momente aus. Sie lassen den Tag mit einem kleinen, spontanen Tanz auf dem Festplatz ausklingen. Anna und Ben fühlen sich voller Stolz und sind dankbar für die Anerkennung, die sie einander zeigen. Sie gehen mit einem Lächeln nach Hause und wissen, dass ihre Arbeit sich gelohnt hat. Beide freuen sich bereits auf das nächste Event und haben mehr Energie, weil sie den Moment des Erfolgs bewusst gefeiert haben.

Feiere ich meine, unsere Erfolge gebührend?

....
....
....
....
....
....

Was habe ich dabei beobachtet, wie ging es mir dabei?

....
....
....
....
....
....

Will ich das ändern, und wie (konkrete Schritte)?

....
....
....
....
....
....

13

OPTIMIERUNG DER PROZESSE

Scrum-Definition:

Optimierung der Prozesse bedeutet, kontinuierlich nach Wegen zu suchen, Arbeitsabläufe zu verbessern, um effizienter und produktiver zu werden.

Anwendung im Alltag:

Man hinterfragt regelmäßig seine Routinen und sucht nach Möglichkeiten, Aufgaben effizienter zu erledigen.

Vorteile:

1. Optimierte Prozesse sparen Zeit und verringern Stress.
2. Sie helfen, Fehler und Engpässe zu identifizieren und zu beheben.
3. Optimierung fördert eine bessere Organisation und Struktur.
4. Sie unterstützt den Workflow und steigert die Zufriedenheit.
5. Verbesserte Prozesse erhöhen die Effizienz und Produktivität.

Schlechte Geschichte

Lukas und Sophie gehen oft zusammen einkaufen, verlieren dabei aber viel Zeit. Jeder holt die Sachen, die ihm gerade einfallen, und sie müssen immer wieder von vorne anfangen, weil sie etwas vergessen haben. Der Einkauf zieht sich über Stunden, und am Ende sind beide erschöpft und genervt. Lukas merkt, dass sie schon wieder doppelt gelaufen sind, weil Sophie die Milch vergessen hat, die ganz am Anfang stand. Die Stimmung wird zunehmend gereizt, und beide schieben sich gegenseitig die Schuld zu. Als sie endlich an der Kasse stehen, sind sie völlig entnervt und hätten den Einkauf am liebsten abgebrochen. Zuhause stellen sie fest, dass sie einige Dinge dennoch vergessen haben. Diese chaotische Herangehensweise macht den Einkauf für beide zur Tortur. Am Ende erkennen sie, dass sie dringend eine bessere Strategie brauchen, um den Ablauf zu verbessern.

Erfolgreiche Geschichte

Lukas und Sophie planen jede Woche gemeinsam den Einkauf und bemerken, dass sie immer zu lange brauchen. Sie beschließen, ihren Ablauf zu optimieren: Sophie schreibt die Einkaufsliste nach Abteilungen geordnet, und Lukas prüft die Vorräte vorab, damit sie nichts vergessen. Sobald sie im Laden sind, gehen sie systematisch vor und verlieren keine Zeit. Der Einkauf läuft effizient und stressfrei, und sie sind in der Hälfte der Zeit fertig. Beide sind überrascht, wie viel Zeit sie durch diese Optimierung sparen und wie entspannt das Einkaufen jetzt ist. Sie beschließen, diesen Plan beizubehalten und noch weiter zu verbessern, wenn nötig. Am Ende merken sie, dass ihre Zusammenarbeit und das strukturierte Vorgehen einen großen Unterschied machen. Der Einkauf wird weniger lästig und zu einer Routine, die ihnen sogar Spaß macht. Sie wissen, dass ihre optimierten Prozesse dazu beitragen, die nötigen Aufgaben stressfrei zu bewältigen.

Wenn etwas besonders gut oder besonders schlecht lief, prüfe ich im Nachhinein, woran das lag?

....
....
....
....
....
....

Was habe ich dabei beobachtet, wie ging es mir dabei?

....
....
....
....
....
....

Will ich das ändern, und wie (konkrete Schritte)?

....
....
....
....
....
....

24 + 1 Denkanstösse – wie Scrum das Leben leichter machen kann

14

VISUALISIERUNG DER ARBEIT

Scrum-Definition:

Die Visualisierung der Arbeit bedeutet, den Fortschritt und die Arbeitsschritte sichtbar zu machen, um den Überblick zu behalten und Prioritäten zu setzen.

Anwendung im Alltag:

Man kann To-Do-Listen oder Aufgaben-Boards verwenden, um anstehende Aufgaben und Fortschritte im Blick zu behalten.

Vorteile:

1. Visualisierung schafft Klarheit und erleichtert die Organisation.
2. Sie hilft, Prioritäten zu setzen und Aufgaben effizient zu erledigen.
3. Man erkennt schnell, wo es Engpässe oder Verzögerungen gibt.
4. Die Visualisierung fördert das Verantwortungsgefühl.
5. Sie motiviert, indem Fortschritte sichtbar werden.

Schlechte Geschichte

Sandra und Tim arbeiten an einem großen Projekt, doch die Aufgaben sind so verstreut, dass sie den Überblick verlieren. Beide schreiben ihre To-Do-Listen auf unterschiedlichen Zetteln, die oft verloren gehen. Schon bald stapeln sich unerledigte Aufgaben, und Sandra weiß nicht, woran Tim gerade arbeitet. Am Ende des Projekts fehlen einige wichtige Schritte, und beide sind frustriert. Die mangelhafte Visualisierung ihrer Arbeit hat dazu geführt, dass das Projekt chaotisch und unvollständig abgeschlossen wird.

Erfolgreiche Geschichte

Sandra und Tim nehmen sich vor, ihr Projekt klar zu strukturieren und visualisieren ihre Aufgaben auf einem gemeinsamen Board. Sie erstellen Spalten für „To Do", „In Arbeit" und „Erledigt" und sortieren jede Aufgabe nach Priorität. Jeden Morgen überprüfen sie das Board und entscheiden gemeinsam, wer welche Aufgaben übernimmt. Durch die visuelle Darstellung erkennen sie sofort, welche Schritte abgeschlossen sind und was noch ansteht. Das Projekt verläuft reibungslos, und am Ende sind sie stolz auf die Effizienz ihrer Zusammenarbeit. Die Visualisierung hat ihnen geholfen, organisiert zu bleiben und erfolgreich zu sein.

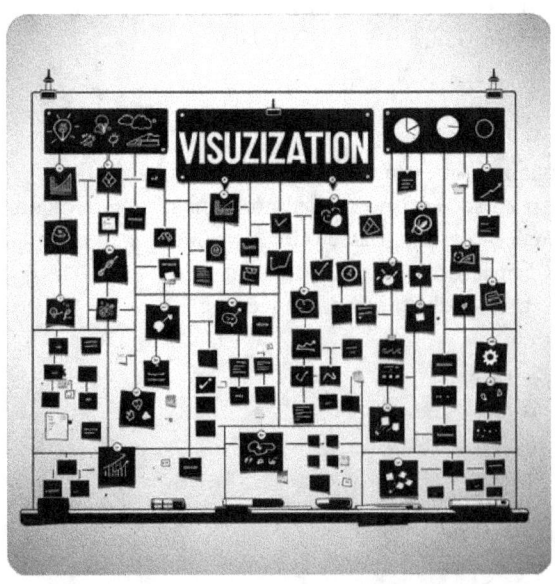

Habe ich Visualisierung schon ausprobiert?

....
....
....
....
....
....

Was habe ich dabei beobachtet, wie ging es mir dabei?

....
....
....
....
....
....

Will ich das ändern, und wie (konkrete Schritte)?

....
....
....
....
....
....

24 + 1 Denkanstösse – wie Scrum das Leben leichter machen kann

15

PRIORISIERUNG

Scrum-Definition:

Priorisierung bedeutet, die wichtigsten Aufgaben zuerst zu identifizieren und diesen Vorrang zu geben. In Scrum geschieht dies durch das Setzen von Prioritäten im Product Backlog, wodurch sichergestellt wird, dass wertvolle Aufgaben zuerst erledigt werden.

Anwendung im Alltag:

Im Alltag hilft Priorisierung, die wichtigsten Aufgaben zuerst zu erledigen, um so Zeit und Energie für das Wesentliche einzusetzen und das Risiko zu minimieren, wichtige Dinge zu übersehen.

Vorteile:

1. Priorisierung sorgt dafür, dass die wichtigsten Aufgaben zuverlässig erledigt werden.
2. Sie reduziert das Risiko, durch zu viele weniger wichtige Aufgaben den Fokus zu verlieren.
3. Man arbeitet effizienter, weil man sich auf die größten Prioritäten konzentriert.
4. Sie verringert Stress, da man das Wesentliche im Blick behält und nicht alles gleichzeitig erledigen muss.
5. Priorisierung schafft Klarheit und fördert eine bessere Planung und Zielerreichung.

Schlechte Geschichte

Anna und Tom planen einen Umzug. Sie haben viele Aufgaben vor sich, aber anstatt zu priorisieren, beginnen sie, alles gleichzeitig zu tun. Anna packt die Gläser ein, doch Tom erinnert sie daran, dass der Transporter noch nicht gemietet ist. Dann fängt Tom an, die Möbel auseinanderzubauen, doch sie merken bald, dass sie keine Kisten für die Bücher haben. Im Chaos dieser vielen parallelen Aufgaben werden sie zunehmend frustriert und geraten in Zeitnot. Am Ende sind sie übermüdet, und der Umzugstag verläuft chaotisch. Wäre es ihnen gelungen, klar zu priorisieren, hätten sie zuerst den Transport und das Packen der wesentlichen Dinge organisiert.

Erfolgreiche Geschichte

Anna und Tom planen ihren Umzug strukturiert und setzen klare Prioritäten. Zuerst reservieren sie den Transporter für den Umzugstag und stellen sicher, dass die wichtigsten Umzugskartons bereit sind. Anschließend packen sie nach einem festen Plan: zuerst die großen Möbel, dann die schwer erreichbaren Gegenstände und zum Schluss die Dinge des täglichen Bedarfs. Jeden Tag setzen sie sich klare Ziele und verteilen die Aufgaben. Am Tag des Umzugs läuft alles reibungslos; die Möbel und Kisten sind schnell eingeladen, und sie sind entspannt und vorbereitet. Durch die klare Priorisierung des gesamten Ablaufs können sie sich auf die wesentlichen Schritte konzentrieren und haben genug Energie, um den Umzug erfolgreich zu meistern.

Habe ich ein Auge auf die Prioritäten: „Wichtiges zuerst"?

……………………………………………………………………..
……………………………………………………………………..
……………………………………………………………………..
……………………………………………………………………..
……………………………………………………………………..
……………………………………………………………………..

Was habe ich dabei beobachtet, wie ging es mir dabei?

……………………………………………………………………..
……………………………………………………………………..
……………………………………………………………………..
……………………………………………………………………..
……………………………………………………………………..
……………………………………………………………………..

Will ich das ändern, und wie (konkrete Schritte)?

……………………………………………………………………..
……………………………………………………………………..
……………………………………………………………………..
……………………………………………………………………..
……………………………………………………………………..
……………………………………………………………………..

24 + 1 Denkanstösse – wie Scrum das Leben leichter machen kann

16

TIMEBOXING

Scrum-Definition:

Timeboxing ist eine Praxis, bei der für bestimmte Aufgaben oder Aktivitäten festgelegte Zeitrahmen definiert werden. Sie hilft Teams, sich auf Ergebnisse zu konzentrieren und die Effizienz zu steigern, indem ein klarer Endpunkt für die Erledigung von Aufgaben festgelegt wird.

Anwendung im Alltag:

Im Alltag hilft Timeboxing dabei, Aufgaben und Aktivitäten in überschaubaren Zeiteinheiten zu organisieren. Anstatt an einer Aufgabe endlos zu arbeiten, definiert man einen festen Zeitrahmen und konzentriert sich in diesem auf das Wichtigste.

Vorteile:

1. Timeboxing erhöht die Effizienz, da man in einem festgelegten Zeitrahmen konzentriert arbeitet.
2. Es beugt Überarbeitung vor, weil der Endpunkt einer Aufgabe klar definiert ist.
3. Timeboxing schafft Struktur im Alltag und erleichtert das Priorisieren.
4. Es verbessert die Selbstdisziplin, da man lernt, sich an geplante Zeiten zu halten.
5. Der Ansatz hilft, Produktivität zu steigern, indem er klare Anfangs- und Endpunkte setzt.

Schlechte Geschichte

Lisa und Max planen, den Haushalt an einem Samstagnachmittag gemeinsam zu erledigen. Da sie keinen festen Zeitrahmen setzen, starten sie spät und arbeiten ohne klare Struktur. Während Lisa den Boden wischt, entscheidet Max, erst noch die Küche zu organisieren, was länger dauert als erwartet. Schnell verlieren sie die Übersicht, und am Ende des Nachmittags ist die Wohnung noch immer nicht vollständig sauber. Statt einen schönen Abend zusammen zu genießen, sind beide erschöpft und frustriert, weil sie das Gefühl haben, ihre Zeit ineffektiv genutzt zu haben. Max ärgert sich über den Zeitverlust und Lisa wünscht sich, sie hätten den Nachmittag besser strukturiert, um sich danach zu entspannen.

Erfolgreiche Geschichte

Lisa und Max nehmen sich am Samstagvormittag vor, ihre Wohnung in nur zwei Stunden gemeinsam zu putzen. Sie setzen sich ein klares Ziel: Bis 12 Uhr soll alles erledigt sein. Lisa schlägt vor, dass sie den ersten Durchgang im Wohnzimmer und Bad machen, während Max parallel die Küche und den Flur putzt. Sie starten den Timer und gehen motiviert ans Werk. Beide arbeiten fokussiert und halten ihre Aufgaben klar voneinander getrennt. Als die Zeit abläuft, sind sie fast fertig und stimmen sich ab, welche Kleinigkeiten noch übrig sind. Um Punkt 12 Uhr legen sie die Putzsachen beiseite und genießen stolz das Gefühl, den Haushalt so effizient bewältigt zu haben. Nachmittags können sie entspannt zusammen einen Ausflug machen, und der Erfolg des Timeboxings ermutigt sie, diese Methode auch bei anderen Aufgaben anzuwenden.

Habe ich bei neuen, unbekannten Aufgaben schon mal „Timeboxing" ausprobiert?

………………………………………………………………………..
………………………………………………………………………..
………………………………………………………………………..
………………………………………………………………………..
………………………………………………………………………..
………………………………………………………………………..

Was habe ich dabei beobachtet, wie ging es mir dabei?

………………………………………………………………………..
………………………………………………………………………..
………………………………………………………………………..
………………………………………………………………………..
………………………………………………………………………..
………………………………………………………………………..

Will ich das ändern, und wie (konkrete Schritte)?

………………………………………………………………………..
………………………………………………………………………..
………………………………………………………………………..
………………………………………………………………………..
………………………………………………………………………..
………………………………………………………………………..

17

VEREINFACHUNG

Scrum-Definition:

Vereinfachung bedeutet, sich auf das Wesentliche zu konzentrieren und unnötige Komplexität zu vermeiden.

Anwendung im Alltag:

Man vereinfacht Aufgaben und Prozesse, um sich auf das Wesentliche zu konzentrieren und Stress zu reduzieren.

Vorteile:

1. Vereinfachung spart Zeit und Energie, indem überflüssige Schritte vermieden werden.
2. Sie erleichtert das Erreichen von Zielen, da der Fokus klar ist.
3. Es reduziert Stress und steigert die Zufriedenheit.
4. Vereinfachung verbessert die Konzentration und das Durchhaltevermögen.
5. Man erreicht schnellere und klarere Ergebnisse.

Schlechte Geschichte

Mia und Tim planen einen Radausflug, doch sie sind unsicher, was sie alles mitnehmen sollen. Sie packen alles Mögliche ein: dicke Decken, eine riesige Kühlbox, Ersatzschuhe und sogar ein Zelt, falls das Wetter umschlägt. Der Rucksack wird immer schwerer, und Mia merkt bald, dass das Gewicht sie bremst. Als sie endlich losfahren, schwitzen sie bereits nach wenigen Kilometern und können sich kaum auf die Landschaft konzentrieren. Die Taschen sind so voll, dass sie sogar unterwegs Probleme haben, das Fahrrad anzuschieben. Der Spaß bleibt auf der Strecke, und beide werden zunehmend frustriert. Als sie am Abend heimkommen, sind sie müde und genervt und bereuen, dass sie sich nicht auf das Nötigste beschränkt haben. „Hätten wir mal weniger mitgenommen", sagt Tim seufzend. Ihnen wird klar, dass das Überladen ihnen den Tag verdorben hat.

Erfolgreiche Geschichte

Mia und Tim planen einen gemeinsamen Ausflug und haben vor, eine Radtour zu unternehmen. Anstatt alles Mögliche einzupacken, überlegen sie, was wirklich notwendig ist. Sie entscheiden sich, nur das Wesentliche mitzunehmen: Wasser, ein bisschen Proviant, ein Erste-Hilfe-Set und ihre Räder. „Weniger ist mehr", sagt Mia, als sie den Rucksack packen. Durch diese Vereinfachung bleiben sie flexibel und müssen nicht unnötig schleppen. Die Tour verläuft problemlos, und sie können sich auf das Radfahren und die Natur konzentrieren. Ohne schweres Gepäck genießen sie die Fahrt in vollen Zügen und sind froh über ihre Entscheidung, sich auf das Wesentliche zu beschränken. Am Ende des Tages sind sie entspannt und glücklich und wissen, dass die Vereinfachung ihnen die Freiheit gegeben hat, den Tag voll auszukosten. Sie merken, dass weniger manchmal tatsächlich mehr ist.

Wo kann ich Überflüssiges weglassen?

……………………………………………………………………..
……………………………………………………………………..
……………………………………………………………………..
……………………………………………………………………..
……………………………………………………………………..
……………………………………………………………………..

Welche Konsequenzen habe ich beobachtet? Welche Gefühle hatte ich beim Weglassen von Teilaufgaben?

……………………………………………………………………..
……………………………………………………………………..
……………………………………………………………………..
……………………………………………………………………..
……………………………………………………………………..
……………………………………………………………………..

Will ich das ändern, und wie (konkrete Schritte)?

……………………………………………………………………..
……………………………………………………………………..
……………………………………………………………………..
……………………………………………………………………..
……………………………………………………………………..
……………………………………………………………………..

24 + 1 Denkanstösse – wie Scrum das Leben leichter machen kann

18

WERTSCHÄTZUNG

Scrum-Definition:

In Scrum ist Wertschätzung die Anerkennung und der Respekt für die Beiträge jedes Teammitglieds. Sie schafft ein positives Arbeitsumfeld, stärkt das Vertrauen und motiviert die Teammitglieder, ihr Bestes zu geben.

Anwendung im Alltag:

Wertschätzung im Alltag bedeutet, anderen ehrlich zu danken und ihre Leistungen zu würdigen. Dies fördert positive Beziehungen und das Gefühl, dass der eigene Beitrag wichtig ist.

Vorteile:

1. Wertschätzung stärkt das Selbstbewusstsein und die Motivation.
2. Sie verbessert die Teamdynamik und schafft eine angenehme Atmosphäre.
3. Ein wertschätzendes Umfeld fördert Loyalität und gegenseitige Unterstützung.
4. Sie hilft, Missverständnisse und Konflikte zu vermeiden, da sich jeder respektiert fühlt.
5. Wertschätzung führt zu besserer Zusammenarbeit und größerem Vertrauen.

Schlechte Geschichte

Emma und Lukas arbeiten gemeinsam an einem Schulprojekt, aber Emma erhält wenig Anerkennung für ihre Beiträge. Lukas, der glaubt, dass er die meisten Ideen eingebracht hat, übernimmt alle Präsentationen und erwähnt Emmas Beiträge nur beiläufig. Emma fühlt sich ungesehen und ist frustriert über die fehlende Wertschätzung. Ihre Motivation sinkt, und sie arbeitet nur noch das Nötigste ab. Am Ende des Projekts wird Lukas für die Präsentation gelobt, aber das Ergebnis ist weniger gelungen, als es hätte sein können. Beide fühlen sich enttäuscht und merken, dass das fehlende Lob und die einseitige Anerkennung das Teamgefühl geschwächt haben.

Erfolgreiche Geschichte

Emma und Lukas arbeiten gemeinsam an einem Schulprojekt. Von Beginn an achten sie darauf, sich gegenseitig für ihre Ideen zu danken und ihre Beiträge wertzuschätzen. Als Emma eine kreative Idee einbringt, lobt Lukas sie für ihren Einfallsreichtum, und Emma schätzt Lukas' organisatorische Fähigkeiten. Ihre regelmäßige Wertschätzung motiviert beide, sich voll einzubringen, und sie arbeiten als starkes Team. Während der Präsentation teilen sie die Sprechzeiten gerecht auf, und am Ende bedankt sich Lukas vor der Klasse noch einmal ausdrücklich bei Emma für ihre Unterstützung. Das Projekt wird ein voller Erfolg, und beide sind stolz auf ihre Zusammenarbeit. Durch die Wertschätzung haben sie nicht nur das Ergebnis verbessert, sondern auch ihre Teamarbeit gestärkt.

Wie gut bin ich darin, Wertschätzung auszudrücken oder andere zu loben?

……………………………………………………………………..
……………………………………………………………………..
……………………………………………………………………..
……………………………………………………………………..
……………………………………………………………………..
……………………………………………………………………..

Was habe ich dabei beobachtet, wie ging es mir dabei?

……………………………………………………………………..
……………………………………………………………………..
……………………………………………………………………..
……………………………………………………………………..
……………………………………………………………………..
……………………………………………………………………..

Will ich das ändern, und wie (konkrete Schritte)?

……………………………………………………………………..
……………………………………………………………………..
……………………………………………………………………..
……………………………………………………………………..
……………………………………………………………………..
……………………………………………………………………..

19

CROSS-FUNKTIONALE TEAMS

Scrum-Definition:

Ein cross-funktionales Team ist ein Team mit unterschiedlichen Fähigkeiten, das in der Lage ist, Projekte eigenständig und vollständig durchzuführen. Diese Struktur fördert die Zusammenarbeit und reduziert Abhängigkeiten.

Anwendung im Alltag:

Cross-funktionalität bedeutet, verschiedene Perspektiven und Fähigkeiten zu integrieren, z. B. bei Gruppenprojekten oder gemeinsamen Aufgaben im Haushalt. Jeder bringt seine Stärken ein, um das gemeinsame Ziel schneller und effektiver zu erreichen.

Vorteile:

1. Cross-funktionale Teams fördern vielseitige Problemlösungen und kreative Ideen.
2. Sie ermöglichen es, Projekte effizienter und flexibler abzuschließen.
3. Jeder kann sich auf seine Stärken konzentrieren, während das Team gemeinsam Verantwortung trägt.
4. Die Zusammenarbeit in einem cross-funktionalen Team erhöht das Vertrauen und die Teamdynamik.
5. Sie erleichtert das Lernen voneinander und fördert das Wachstum und die Entwicklung aller Teammitglieder.

Schlechte Geschichte

Julia und Ben haben die Aufgabe, das jährliche Familienfest zu organisieren. Julia ist kreativ, doch ihre Planung fällt oft chaotisch aus. Ben hingegen ist sehr organisiert, aber ihm fehlt es an Ideen für das Rahmenprogramm. Ohne die Stärken des anderen zu nutzen, übernehmen sie Aufgaben, für die sie weniger geeignet sind: Julia versucht, die Zeitpläne zu organisieren, und Ben kümmert sich um das kreative Konzept. Das Fest wird unkoordiniert, und viele Details geraten in Vergessenheit. Am Tag des Festes merken beide, dass sie sich gegenseitig hätten besser unterstützen können, um ein gelungenes Event zu schaffen. Die fehlende Zusammenarbeit und der mangelnde Einsatz ihrer Stärken führen zu Frust und enttäuschten Erwartungen bei der Familie.

Erfolgreiche Geschichte

Julia und Ben organisieren das jährliche Familienfest und entscheiden sich, ihre jeweiligen Stärken voll einzusetzen. Julia konzentriert sich auf die kreative Gestaltung und das Unterhaltungsprogramm, während Ben die Planung und Zeitabläufe im Griff hat. Sie tauschen regelmäßig Ideen aus und unterstützen sich bei den Details. Julia schlägt ein Spiel vor, das die Kinder begeistern könnte, und Ben plant die genaue Abfolge der Programmpunkte. Gemeinsam erstellen sie ein abwechslungsreiches und gut strukturiertes Programm. Am Tag des Festes läuft alles reibungslos, und die Familie lobt die Organisation und die schönen Ideen. Julia und Ben sind stolz auf ihre Arbeit und merken, wie wichtig ihre unterschiedlichen Fähigkeiten für den Erfolg des Festes waren.

Habe ich verschiedene Leute "im Boot"?

……………………………………………………………………………..
……………………………………………………………………………..
……………………………………………………………………………..
……………………………………………………………………………..
……………………………………………………………………………..
……………………………………………………………………………..

Was habe ich dabei beobachtet, wie ging es mir dabei?

……………………………………………………………………………..
……………………………………………………………………………..
……………………………………………………………………………..
……………………………………………………………………………..
……………………………………………………………………………..
……………………………………………………………………………..

Will ich das ändern, und wie (konkrete Schritte)?

……………………………………………………………………………..
……………………………………………………………………………..
……………………………………………………………………………..
……………………………………………………………………………..
……………………………………………………………………………..
……………………………………………………………………………..

20

TASKS IN KLEINERE EINHEITEN AUFTEILEN

Scrum-Definition:

Große Aufgaben werden in kleine, handhabbare Aufgaben unterteilt, um sie leichter und schneller erledigen zu können.

Anwendung im Alltag:

Man zerlegt komplexe Aufgaben in kleine, übersichtliche Schritte, um Stress zu vermeiden und die Arbeit in Etappen zu erledigen.

Vorteile:

1. Die Aufteilung großer Aufgaben macht das Ziel erreichbarer und reduziert Stress.
2. Kleine Erfolge motivieren und helfen, sich auf den Fortschritt zu konzentrieren.
3. Die Methode verbessert die Planung, da man den Aufwand pro Schritt besser einschätzen kann.
4. Sie fördert Effizienz, da man sich besser auf eine Sache konzentrieren kann.
5. Man erzielt sichtbare Fortschritte, was die Motivation steigert.

Schlechte Geschichte (Missachtung der Aufteilung von Tasks)

Tom plant, sein Arbeitszimmer neu zu organisieren. Er sieht die vielen Aufgaben wie das Aussortieren, die Möbelanordnung und das Kabelmanagement als eine große Aufgabe und versucht, alles auf einmal zu erledigen. Schnell fühlt er sich überfordert und macht nur wenig Fortschritt. Frustriert gibt er nach ein paar Stunden auf, da der Raum immer noch chaotisch aussieht. Er erkennt, dass er die Arbeit hätte in kleinere Schritte unterteilen können, was ihm wahrscheinlich Zeit und Nerven gespart hätte. Sein Projekt bleibt unfertig und das Chaos bestehen, was ihn jeden Tag aufs Neue belastet.

Erfolgreiche Geschichte (Anwendung der Aufteilung von Tasks)

Tom plant, sein Arbeitszimmer zu organisieren und entscheidet sich, die Aufgabe in kleinere Schritte aufzuteilen. Zuerst sortiert er alle Bücher und Unterlagen. Am nächsten Tag widmet er sich den Kabeln und technischen Geräten. Schließlich plant er, die Möbel neu anzuordnen und den Stauraum zu optimieren. Schritt für Schritt kann er die Fortschritte sehen, und die Arbeit fühlt sich nie überwältigend an. Nach ein paar Tagen ist das Zimmer ordentlich und gut organisiert. Tom ist stolz auf das Ergebnis und freut sich, wie gut das Aufteilen der Aufgaben funktioniert hat.

Wie gut klappt bei mir eine Aufteilung in Teilschritte?

……………………………………………………………………………..
……………………………………………………………………………..
……………………………………………………………………………..
……………………………………………………………………………..
……………………………………………………………………………..
……………………………………………………………………………..

Was habe ich dabei beobachtet, wie ging es mir dabei?

……………………………………………………………………………..
……………………………………………………………………………..
……………………………………………………………………………..
……………………………………………………………………………..
……………………………………………………………………………..
……………………………………………………………………………..

Will ich das ändern, und wie (konkrete Schritte)?

……………………………………………………………………………..
……………………………………………………………………………..
……………………………………………………………………………..
……………………………………………………………………………..
……………………………………………………………………………..
……………………………………………………………………………..

24 + 1 Denkanstösse – wie Scrum das Leben leichter machen kann

21

ADAPTIVITÄT (ANPASSUNGSFÄHGKEIT)

Scrum-Definition:

Adaptivität bedeutet, flexibel auf Veränderungen zu reagieren und Pläne anzupassen, um das bestmögliche Ergebnis zu erzielen.

Anwendung im Alltag:
Man bleibt flexibel und passt sich veränderten Bedingungen an, anstatt an einem starren Plan festzuhalten. So werden unerwartete Herausforderungen als Gelegenheit genutzt, neue Wege auszuprobieren.

Vorteile:

1. Adaptivität erhöht die Problemlösungsfähigkeit und stärkt das Selbstvertrauen.
2. Flexibilität führt zu besseren Ergebnissen, da man auf aktuelle Umstände eingeht.
3. Sie fördert Gelassenheit, da Veränderungen als Chancen statt als Störungen gesehen werden.
4. Adaptivität verbessert die Zusammenarbeit, da Teams gemeinsam Lösungen entwickeln können.
5. Man bleibt motivierter, weil die eigenen Handlungen auf die Realität abgestimmt sind.

Schlechte Geschichte (Missachtung der Adaptivität)

Lea und Paul planen ein Outdoor-Wochenende im Gebirge. Sie haben die Route festgelegt und sind auf jedes Detail vorbereitet. Doch am Morgen der Wanderung erfahren sie, dass die Strecke wegen eines Sturms gesperrt ist. Anstatt flexibel zu reagieren, bestehen sie darauf, die ursprüngliche Route zu gehen und versuchen, Wege abseits der markierten Pfade zu finden. Doch das Terrain ist schwer zugänglich und gefährlich, und bald merken sie, dass sie sich verlaufen haben. Der Nebel zieht auf, und ihre Stimmung kippt. Paul ist frustriert, und Lea gibt ihm die Schuld, dass sie nicht auf die Warnung gehört haben. Am Ende müssen sie umkehren, ohne die geplante Aussicht genossen zu haben, und beide sind enttäuscht, dass sie den Tag nicht umgeplant haben, um sicherer und angenehmer zu wandern.

Erfolgreiche Geschichte (Anwendung der Adaptivität)

Lea und Paul haben ein Wanderwochenende in den Bergen geplant. Doch am Tag der Wanderung ist die geplante Route wegen eines Sturms gesperrt. Statt sich zu ärgern, entscheiden sie sich, nach Alternativen zu suchen. Sie finden eine nahegelegene Wanderroute, die ebenfalls wunderschöne Ausblicke verspricht. Paul schlägt vor, einen kleinen Umweg zu machen, um eine Berghütte zu besuchen, die nicht auf ihrem Plan stand, aber spannend klingt. Sie genießen die Aussicht und treffen sogar andere Wanderer, die ihnen von weiteren Routen erzählen. Am Abend sitzen sie gemütlich in der Hütte, und Lea sagt lächelnd, dass sie froh ist, dass sie flexibel waren. Ihr Wochenende wird ein voller Erfolg, und beide kehren zufrieden und mit schönen Erinnerungen zurück.

Wie gut stelle ich mich auf neue Anforderungen ein?

………………………………………………………………………..
………………………………………………………………………..
………………………………………………………………………..
………………………………………………………………………..
………………………………………………………………………..
………………………………………………………………………..

Was habe ich dabei beobachtet, wie ging es mir dabei?

………………………………………………………………………..
………………………………………………………………………..
………………………………………………………………………..
………………………………………………………………………..
………………………………………………………………………..
………………………………………………………………………..

Will ich das ändern, und wie (konkrete Schritte)?

………………………………………………………………………..
………………………………………………………………………..
………………………………………………………………………..
………………………………………………………………………..
………………………………………………………………………..
………………………………………………………………………..

24 + 1 Denkanstösse – wie Scrum das Leben leichter machen kann

22

TEAMVERANTWORTUNG

Scrum-Definition:

Teamverantwortung bedeutet, dass das gesamte Team für die Ergebnisse und den Fortschritt des Projekts verantwortlich ist.

Anwendung im Alltag:

Man arbeitet gemeinsam an Aufgaben und unterstützt sich gegenseitig, um Ziele zu erreichen.

Vorteile:

1. Teamverantwortung fördert den Zusammenhalt und die Zusammenarbeit.
2. Man entwickelt ein Gefühl der Zugehörigkeit und Identität im Team.
3. Sie verbessert die Kommunikation und Transparenz.
4. Gemeinsame Verantwortung erhöht die Motivation jedes Einzelnen.
5. Das Team lernt, gemeinsam Probleme zu lösen und Erfolge zu feiern.

Schlechte Geschichte

Ben, Sarah und Max möchten einen Garten für die Nachbarschaft gestalten, doch schon bald zeigen sich Probleme. Jeder konzentriert sich auf seine eigene Aufgabe und fühlt sich nur dafür verantwortlich. Sarah pflanzt einige Blumen, aber weil niemand das Unkraut entfernt, verwildert das Beet bald wieder. Max vergisst, das Gemüse zu gießen, und Ben lässt das Gras wachsen, bis es kaum noch zu betreten ist. Jeder geht davon aus, dass die anderen das Nötige tun werden. Schon bald ist der Garten in einem chaotischen Zustand, und die Nachbarn sind enttäuscht. Keiner will zugeben, dass er eine Mitschuld trägt, und die drei Freunde schieben die Verantwortung hin und her. Ohne eine klare Aufgabenteilung und gegenseitige Verantwortung bleibt der Garten ungepflegt und verliert bald das Interesse der Nachbarschaft. Am Ende ärgern sich alle über das verpasste Potenzial und erkennen, dass ohne gemeinsames Engagement kein Erfolg möglich ist.

Erfolgreiche Geschichte

Ben, Sarah und Max haben gemeinsam das Ziel, einen Garten für ihren kleinen Nachbarschaftsverein zu pflegen. Sie wissen, dass nur durch gemeinsames Anpacken das Projekt erfolgreich wird. Sarah übernimmt das Pflanzen der Blumen, Ben kümmert sich um das Rasenmähen, und Max übernimmt die Bewässerung. Immer wieder sprechen sie sich ab und helfen sich gegenseitig, wenn jemand Unterstützung braucht. Wenn einer von ihnen verhindert ist, springen die anderen ein und stellen sicher, dass die Aufgaben erledigt werden. Nach einigen Wochen ist der Garten ein prächtiges Werk, das alle Nachbarn bewundern. Die drei Freunde sind stolz auf ihr gemeinsames Werk, das nur durch ihre geteilte Verantwortung möglich wurde. Sie feiern ihren Erfolg zusammen und genießen das schöne Ergebnis ihrer Arbeit. Der Garten ist nicht nur für die Nachbarn ein schönes Plätzchen, sondern auch ein Symbol für ihre Teamarbeit und ihr gemeinsames Engagement.

Wenn etwas nicht klappt, suche ich nach Schuldigen oder nach Lösungen? Sehe ich mich als Teil eines Teams?

………………………………………………………………………………
………………………………………………………………………………
………………………………………………………………………………
………………………………………………………………………………
………………………………………………………………………………
………………………………………………………………………………

Was habe ich dabei beobachtet, wie ging es mir dabei?

………………………………………………………………………………
………………………………………………………………………………
………………………………………………………………………………
………………………………………………………………………………
………………………………………………………………………………
………………………………………………………………………………

Will ich das ändern, und wie (konkrete Schritte)?

………………………………………………………………………………
………………………………………………………………………………
………………………………………………………………………………
………………………………………………………………………………
………………………………………………………………………………
………………………………………………………………………………

23

KUNDENORIENTIERUNG

Scrum-Definition:

Kundenorientierung bedeutet, dass das Team die Bedürfnisse und Anforderungen der Kunden in den Mittelpunkt seiner Arbeit stellt.

Anwendung im Alltag:

Man hört aktiv zu und berücksichtigt die Wünsche und Bedürfnisse von Freunden, Familie oder Kollegen, um bessere Beziehungen aufzubauen.

Vorteile:

1. Kundenorientierung führt zu höherer Kundenzufriedenheit und -bindung.
2. Man identifiziert die wichtigsten Bedürfnisse, die erfüllt werden müssen.
3. Sie fördert Innovation, da das Team neue Lösungen entwickelt, um Kunden zu begeistern.
4. Es verbessert die Kommunikation zwischen Team und Kunden.
5. Kundenorientierung hilft, Prioritäten klar zu setzen und Ressourcen effektiv zu nutzen.

Schlechte Geschichte

Lisa und Tom wollen eine Überraschungsfeier für Anna organisieren, sind sich aber schnell uneinig. „Lasst uns einfach das nehmen, was wir auch mögen", sagt Tom genervt. So kaufen sie eher das, was ihnen selbst gefällt, und ignorieren Annas Vorlieben. Lisa schlägt vor, die Dekoration in Rosa zu gestalten, aber Tom überstimmt sie: „Blau passt doch viel besser!" Die beiden merken nicht, dass die Feier immer weniger Annas Geschmack entspricht und planen eher, was ihnen selbst gefällt. Am Abend der Party ist Anna überrascht, aber nicht auf die gute Weise. Die blaue Dekoration und das Essen, das sie nicht wirklich mag, enttäuschen sie, auch wenn sie es sich nicht anmerken lässt. Sie bedankt sich höflich, aber Lisa spürt, dass Anna nicht wirklich glücklich ist. Später erzählt Anna einer Freundin, dass die Feier „ganz nett" war, aber sich nicht besonders persönlich anfühlte. Lisa und Tom merken nachträglich, dass sie bei der Planung zu sehr an ihren eigenen Vorlieben festgehalten haben.

Erfolgreiche Geschichte

Lisa und Tom planen eine Überraschungsfeier für ihre Freundin Anna. Sie überlegen, was Anna gefallen könnte, und Lisa schlägt vor, ihre Lieblingsfarbe, Rosa, überall einzubauen. Tom erinnert sich an Annas Lieblingsmusik und organisiert eine Playlist. Die beiden denken darüber nach, wie sie die Feier noch persönlicher gestalten können, und entscheiden, einige von Annas Lieblingsspeisen zu servieren. Als Anna ankommt, ist sie überwältigt – ihre Lieblingsfarbe, -musik und -essen machen den Abend perfekt für sie. „Ich fühle mich wie der Mittelpunkt der Welt", sagt Anna strahlend. Durch ihre genaue Orientierung an Annas Vorlieben haben Lisa und Tom eine Feier geschaffen, die genau ihren Geschmack trifft. Die Gäste sind ebenfalls begeistert und betonen, wie besonders und gelungen die Feier ist. Die beiden sind stolz darauf, dass sie sich so auf Anna konzentriert haben und dabei nichts übersehen haben. Annas Freude bestätigt ihnen, wie wichtig es ist, bei ihren Ideen den Menschen im Zentrum zu behalten.

Weiß ich immer, wer mein Kunde ist, für wen ich etwas mache?

....
....
....
....
....
....

Hilft mir das, motiviert mich das?

....
....
....
....
....
....

Will ich das ändern, und wie (konkrete Schritte)?

....
....
....
....
....
....

24 + 1 Denkanstösse – wie Scrum das Leben leichter machen kann

24

AGILE WERTE UND PRINZIPIEN

Scrum-Definition

Die agilen Werte und Prinzipien sind das Fundament für die moderne Arbeitsweise im Scrum-Framework und beinhalten die Einstellung, mit der das Team seine Ziele verfolgt. Die vier zentralen agilen Werte sind:

Individuen und Interaktionen über Prozesse und Werkzeuge
Funktionierende Software über umfassende Dokumentation
Zusammenarbeit mit dem Kunden über Vertragsverhandlungen
Reagieren auf Veränderung über das Befolgen eines Plans

Dazu kommen die **12 Prinzipien** des agilen Manifests, die sich auf kontinuierliche Verbesserungen, nachhaltiges Tempo, regelmäßige Lieferung und Flexibilität im Umgang mit Veränderungen konzentrieren. Agilität fordert Teams und Einzelpersonen auf, flexibel zu sein, Veränderungen positiv zu begegnen und einen hohen Fokus auf Zusammenarbeit und Kommunikation zu legen.

Anwendung im Alltag

Im Alltag helfen die agilen Werte und Prinzipien dabei, Aufgaben dynamisch und flexibel anzugehen. Statt sich strikt an starre Regeln oder Planungen zu halten, konzentrieren agile Prinzipien sich auf echte Lösungen und Anpassungsfähigkeit. Wenn beispielsweise eine Reise geplant wird, wird im agilen Ansatz nicht nur die detaillierte Planung im Vordergrund stehen, sondern auch die Offenheit, sich auf unvorhergesehene Änderungen einzulassen. Auch die regelmäßige Rücksprache und Evaluation helfen, Entscheidungen ständig anzupassen und zu optimieren.

Vorteile

1. **Erhöhte Flexibilität**: Agile Werte fördern die Anpassungsfähigkeit, was sich besonders in Situationen als nützlich erweist, in denen Änderungen unvermeidlich sind.
2. **Bessere Teamarbeit**: Durch den Wert „Individuen und Interaktionen" wird die Kommunikation verbessert, was Missverständnisse und Reibungen vermindert.
3. **Fokussierung auf tatsächliche Ergebnisse**: Der Wert „funktionierende Software" über Dokumentation überträgt sich auf das Bestreben, in jedem Projekt echte Ergebnisse und Erfolge zu erreichen.
4. **Höhere Kundenzufriedenheit**: Agile Prinzipien fördern die Zusammenarbeit mit dem „Kunden", sei es im Berufsleben oder Alltag, um die Erwartungen und Bedürfnisse wirklich zu erfüllen.
5. **Effiziente Problemlösung**: Da Agilität Anpassungen und Veränderungen willkommen heißt, wird es leichter, flexibel und lösungsorientiert zu handeln.

Gute Geschichte: Agilität beim Familienausflug

Anna, Ben und Clara beschließen, einen Familienausflug ins Grüne zu machen. Am Abend vor der Abreise setzen sie sich zusammen und planen die wichtigsten Punkte: Das Ziel steht fest, und sie packen die wesentlichen Dinge ein. Am nächsten Morgen jedoch beginnt es zu regnen, und die geplante Fahrradtour erscheint plötzlich weniger attraktiv. Anna schlägt vor, einen alternativen Plan zu machen, und sie beschließen, stattdessen das Naturkundemuseum in der Stadt zu besuchen. Clara, die gerne Dinge organisiert, ist ein wenig enttäuscht, doch Ben erinnert sie daran, dass es Teil ihrer neuen „agilen Haltung" ist, sich auf Änderungen einzulassen.

Im Museum angekommen, sehen sie sich die verschiedenen Ausstellungen an und entdecken, dass am Nachmittag ein Workshop zum Thema Naturfotografie angeboten wird. Die Kinder freuen sich, etwas Neues auszuprobieren, und Anna beschließt spontan, daran teilzunehmen. Auch Clara ist begeistert und kommentiert: „Es ist schön, dass wir so flexibel waren." Der Nachmittag vergeht wie im Flug, und die Familie ist am Ende des Tages zufrieden. Alle sind sich einig, dass der Tag durch ihre Offenheit und Flexibilität eine schöne Wendung genommen hat. Auf dem Rückweg erzählen sie sich begeistert von den Workshop-Erfahrungen und freuen sich darüber, wie gut ihre agile Einstellung sie unterstützt hat.

Schlechte Geschichte: Unflexible Planung und Frustration

Anna, Ben und Clara haben seit Wochen einen Familienausflug aufs Land geplant. Anna, die gerne die Zügel in die Hand nimmt, hat die genaue Route und alle Aktivitäten im Detail organisiert und festgelegt. Am Tag des Ausflugs überrascht ein starker Regenschauer die drei, doch Anna will die geplante Tour auf keinen Fall abändern. „Wir haben alles vorbereitet, wir ziehen das durch!", sagt sie entschieden. Clara ist frustriert und meint, dass sie die Pläne vielleicht anpassen könnten, aber Anna bleibt stur.

Während sie im Regen gehen, werden die Kinder bald nass und unzufrieden, und Clara beginnt zu frieren. Auch Ben merkt, dass der Ausflug unter diesen Umständen wenig Freude bringt, aber Anna bleibt bei ihrer Planung und drängt darauf, die geplanten Stationen abzulaufen. Die Laune der Kinder sinkt zusehends, und der Ausflug wird zur nervigen Pflicht. Schließlich kommen sie durchnässt und schlecht gelaunt wieder zu Hause an. Ben seufzt und denkt darüber nach, dass es gut gewesen wäre, einfach flexibel zu bleiben und eine Alternative zu finden. Doch Anna bleibt bei ihrer Meinung und erkennt nicht, dass ihr Festhalten am Plan den Tag ruiniert hat.

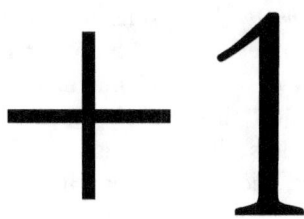

MIT EINEM KLEINEN BISSCHEN GLÜCK ...

Definition und Bedeutung

Sich auf das eigene Glück zu verlassen bedeutet, offen zu sein für das Unvorhersehbare und Vertrauen in günstige Zufälle zu haben. Es geht darum, das Leben nicht bis ins Letzte zu planen, sondern sich auch vom Schicksal leiten zu lassen und spontan auf Chancen zu reagieren. Dieses Prinzip erinnert daran, dass nicht alles kontrollierbar ist und dass es manchmal die ungeplanten, zufälligen Ereignisse sind, die zu den besten Erlebnissen führen. Sich ein wenig auf das Glück zu verlassen, ist also eine Mischung aus Optimismus und Vertrauen in den Lauf der Dinge.

Sich auf das eigene Glück verlassen bedeutet nicht, die Kontrolle abzugeben oder einfach passiv zu hoffen, dass alles gut ausgeht. Stattdessen geht es darum, Chancen zu erkennen und darauf vorbereitet zu sein, sie zu nutzen, wenn sie sich bieten. Glück und Zufall können manchmal wie magische Wendungen erscheinen, aber oft sind sie das Ergebnis von Engagement und der Bereitschaft, Risiken einzugehen. Ein gutes Beispiel ist jemand, der regelmäßig an einem Projekt arbeitet: Wenn sich plötzlich eine Gelegenheit bietet, ist er vorbereitet und kann schnell handeln. Glück ist also auch eine Frage der inneren Haltung – wer sich stets weiterentwickelt, offen für Neues bleibt und wachsam ist, hat bessere Chancen, dass sich sein Weg in die gewünschte Richtung bewegt. Gleichzeitig bedeutet das nicht, vorschnell und unüberlegt zu handeln. Geduld und die Fähigkeit, auch mal einen Rückschlag zu akzeptieren, gehören ebenso dazu. Wer zu stark auf Glück setzt, ohne eigene Schritte zu gehen, bleibt oft in der Erwartungshaltung stecken und lässt wertvolle Chancen ungenutzt vorbeiziehen. Schließlich liegt wahres Glück oft in der Balance zwischen Vertrauen in den eigenen Weg und der Bereitschaft, ihn aktiv zu gestalten.

In *Anatevka* (oder *Fiddler on the Roof*) spielt das Thema Glück eine zentrale Rolle, vor allem im Kontext der Armut und Unsicherheit, die die Dorfbewohner erleben. Tevje, der Milchmann, träumt von Wohlstand und Sicherheit, doch sein „Glück" liegt oft in kleinen Momenten – in seiner Familie und im Glauben, dass alles gut ausgehen könnte. Seine alltäglichen Gespräche mit Gott zeigen, wie er zwischen Hoffen und Zweifeln balanciert, stets bemüht, trotz aller Herausforderungen sein Glück zu finden. So wird Glück in *Anatevka* zu einer Mischung aus Resilienz, Glaube und dem Mut, im Angesicht von Widrigkeiten dennoch weiterzugehen.

Nenn es, wie du willst: Glück, Geschick, eine höhere Macht, die sich um dich kümmert oder einfach nur die richtige Gelegenheit im richtigen Moment. Manchmal scheint das Leben uns genau das zu geben, was wir gerade brauchen, obwohl wir es uns vielleicht nie so erträumt hätten. Für manche ist es ein Geschenk des Himmels, wenn Dinge sich unerwartet zum Guten wenden, andere sprechen von Geschick und kluger Planung, die das scheinbare „Glück" erst möglich gemacht haben. Auch in schweren Zeiten kann dieses Gefühl aufkommen – etwa, wenn sich trotz aller Sorgen plötzlich ein Weg auftut oder ein lieber Mensch zur Unterstützung da ist. Vielleicht ist es Zufall, vielleicht ist es eine Art unsichtbare Kraft, die in solchen Momenten eingreift. Doch im Grunde geht es darum, das Leben mit einer Haltung von Offenheit und Vertrauen zu leben, den Moment wahrzunehmen und Chancen zu ergreifen. Solche „Glücksmomente" können uns stärken und daran erinnern, dass es nicht immer allein in unseren Händen liegt, wie alles ausgeht. Diese Momente geben uns den Mut, weiterzumachen, auch wenn der Weg ungewiss bleibt – in der Hoffnung, dass es manchmal mehr braucht als reinen Willen: vielleicht eine Prise Glück, ein bisschen Geschick oder etwas, das einfach nur Fügung ist.

Wenn du dein Glück gerecht behandelst, dann verlässt es dich nicht! Das bedeutet, dass du die Chancen, die dir das Leben schenkt, auch zu schätzen weißt und nicht als selbstverständlich betrachtest. Glück braucht manchmal eine Art von Pflege: Dankbarkeit, Achtsamkeit und der bewusste Einsatz deiner Fähigkeiten, um die Gelegenheiten wirklich zu nutzen. Wenn du das Glück als Begleiter und nicht als dauerhaften Besitz siehst, lernst du, mit Höhen und Tiefen umzugehen und bleibst offen für neue Chancen, die vielleicht erst auf den zweiten Blick erkennbar sind. Wer sein Glück ehrt und immer wieder pflegt, dem zeigt es sich oft von seiner besten Seite und bleibt vielleicht ein verlässlicher Begleiter durch die Herausforderungen des Lebens.

Anwendung im Alltag

Im Alltag bedeutet dies, bewusst Raum für Überraschungen zu lassen, anstatt sich in einem starren Plan zu verfangen. Es kann hilfreich sein, eine gewisse Offenheit für ungeplante Möglichkeiten und Begegnungen zu behalten – etwa bei Reisen, beim Berufseinstieg oder bei alltäglichen Entscheidungen. Statt alles minutiös vorzubereiten, kann man auch mal auf einen Zufall setzen oder mutig einer spontanen Idee folgen. Das Vertrauen auf das Glück bringt oft frischen Wind in den Alltag und lässt Raum für das Unerwartete, das unser Leben bereichert.

Vorteile

1. **Fördert Gelassenheit**: Wenn man sich auf sein Glück verlassen kann, lässt sich leichter mit Unsicherheiten umgehen, da nicht alles geplant oder perfektioniert sein muss.
2. **Erhöhte Flexibilität**: Das Vertrauen ins Glück ermöglicht es, unvorhergesehenen Chancen offen zu begegnen und schneller auf neue Möglichkeiten zu reagieren.
3. **Reduziert Stress**: Weniger Planung und Kontrolle verringern den Druck, immer alles perfekt im Griff zu haben, was zu einem entspannteren Lebensstil führt.
4. **Stärkt den Optimismus**: Das Prinzip setzt auf eine positive Lebenseinstellung und das Vertrauen, dass das Leben gute Möglichkeiten bereithält.
5. **Mehr Abenteuer und Freude**: Sich auf das Glück zu verlassen, führt oft zu neuen, aufregenden Erfahrungen, die den Alltag bereichern und neue Perspektiven eröffnen.

Schlechte Geschichte: Der verpasste Zug

Jonas, Tina und Alex haben sich darauf gefreut, ein Wochenende in den Bergen zu verbringen. Tina besteht darauf, dass sie einfach entspannt zum Bahnhof gehen können, ohne alles minutiös zu planen. Jonas hingegen ist ein bisschen nervös, denn er weiß, dass die Züge in ihrer Gegend unregelmäßig fahren. Doch Tina bleibt optimistisch: „Ach, das klappt schon! Wir haben immer Glück." Also gehen sie zum Bahnhof, und wie Jonas befürchtet, verpassen sie den Zug um nur wenige Minuten.

Die nächste Verbindung kommt erst in ein paar Stunden, und der Plan, früh anzukommen und eine Wanderung zu machen, fällt ins Wasser. Alex, der sich sehr auf die Berge gefreut hat, ist enttäuscht und fragt Tina, warum sie nicht früher losgegangen sind. Die Stimmung sinkt, als sie auf die nächste Verbindung warten müssen, und die Stunden im Warteraum ziehen sich. Als sie endlich in den Bergen ankommen, ist es schon spät, und sie schaffen es nur noch bis zur nächsten Hütte. Die drei sind erschöpft und frustriert, und Alex sagt enttäuscht: „Vielleicht sollten wir das nächste Mal doch etwas besser planen." Tina nickt einsichtig, sie weiß, dass zu viel Verlass auf das Glück den Tag am Ende ruiniert hat.

Gute Geschichte: Ein spontaner Roadtrip

Sarah, Marc und Lisa haben keine festen Pläne für das Wochenende. Sarah schlägt spontan vor, das Auto zu nehmen und einfach loszufahren, ohne festes Ziel. Marc ist skeptisch und erinnert sie daran, dass sie weder eine Unterkunft noch eine klare Route haben. Doch Lisa lächelt und meint: „Lasst uns einfach darauf vertrauen, dass uns das Glück an einen schönen Ort führt!" Nach kurzem Zögern stimmen die beiden zu, und sie fahren los, der Freiheit entgegen. Ohne Plan fahren sie durch kleine Dörfer und malerische Landschaften und entdecken eine wunderschöne Seenlandschaft, von der sie noch nie gehört haben.

Sie finden ein gemütliches Gasthaus direkt am Wasser und entscheiden, die Nacht dort zu verbringen. Abends sitzen sie am Lagerfeuer mit anderen Reisenden, tauschen Geschichten aus und genießen das spontane Abenteuer. Am nächsten Morgen unternehmen sie eine Bootsfahrt, von der sie ursprünglich gar nichts wussten, und erleben die Natur hautnah. Auf dem Rückweg schwärmen alle drei, wie besonders dieser Roadtrip war, und Marc gibt zu, dass er froh ist, sich auf das Abenteuer eingelassen zu haben. Sarah und Lisa nicken zustimmend. Sie wissen jetzt, dass es manchmal die spontanen, glücklichen Entscheidungen sind, die das Leben unvergesslich machen.

24 + 1 Denkanstösse – wie Scrum das Leben leichter machen kann

Über den Autor:

Der Autor hat langjährige Erfahrung in verschiedensten Bereichen der Softwareentwicklung, in unterschiedlichen Branchen, mit verschiedenen Teams, auch international.

Er ist zertifizierter Scrummaster und interessiert sich vor allem für die Übertragbarkeit von funktionierenden Methoden und Prinzipien auf den Alltag.

Kommentare, Anregungen, Ergänzungen sind jederzeit willkommen!

www.ingramcontent.com/pod-product-compliance
Lightning Source LLC
Chambersburg PA
CBHW071515220526
45472CB00003B/1039